FICHE DE REVISION LICENCE 1 ADMINISTRATION ECONOMIQUE ET SOCIALE

W0307320

Avant-propos

Salut à toi ! ☺
Tu peux te servir de ce livre comme fiches de révisions, suppléments de cours ou même, ton cours comme résumé. A toi de choisir.

Petits conseils à toi que tu sois étudiant en économie, en droit ou en gestion :

- Quand tu cites une définition, ou une partie de ton cours, que ce soit dans une dissertation ou un document à rendre en TD, ou en partiel, justifie-le toujours par un exemple soit d'actualité, soit par un exemple concret pour montrer comme quoi tu as bien compris ce que tu évoques.
- Une fois que j'avais fini de réviser des pages avant mes examens, j'essayais toujours de me le reformuler à travers mes pensées pour essayer d'en retenir un maximum (ce n'est que ma technique).
- N'oublie pas de faire la fête de temps en temps ☺.
- Un dernier mot : bon courage pour ton parcours dans l'enseignement supérieur !!!!

SOMMAIRE DES MATIERES

SEMESTRE 1

Sociologie générale

Leçon 1 : les 3 styles sociologiques approche à l'étude du suicide.

I) Style positif-réaliste

A) Modèle durkheimien

Ici le modelé durkheimien est celui des sciences naturelles, plus particulièrement de la biologie, on va s'inspirer de ce que fait le biologiste avec les faits vivants, pour étudier les faits sociaux. Cela consiste, en des manières d'agir de pensée et de sentir, extérieur a individu, qui sont doués d'un pouvoir de coercition, en vertus duquel il s'impose à lui. Les façons de faire sont indépendantes d'individu.
La deuxième idée est que la contrainte est un fait social s'imposant d'une manière ou d'une autre à une personne.

B) Application au cas du suicide

Durkheim : le suicide, 1897.
Le suicide : victime est l'auteur en connaissance de cause.

Il y a différents types de suicides :
Suicide altruiste : trop intégré avec les autres, un suicide au profit des autres (pompiers sauvant le bébé dans immeuble en feu).
Suicide égoïste : personne isolée, contact superficielle (vieux), livrée à ses pulsions suicidaires. Suicide protestants>catholiques>juifs, célibataire>mariée sans enfants>mariée avec enfant
Suicide fataliste : contrôle social, les normes sont trop importantes.
Suicide anomique : quand société ne fournit plus de guide pour la vie, pertes des repères

II) Style compréhensif

A) Le modèle wébérien

L'objet : « science qui se propose de comprendre par interprétation, l'activité sociale et explique causalement son déroulement et ses effets ». Economie et société en 1921.
La méthode investigation est l'interprétation rationnelle par l'idéal type en utilisant la faculté d'empathie, c'est-à-dire, la capacité à nous introduire dans la tête et la situation d'autrui « il n'est pas nécessaire d'être césar pour comprendre césar ».

L'empathie ne se fait pas n'importe comment. Cette « neutralité axiologique » est une interprétation sociologique qui se fait grâce à l'idéal type, qui est une schématisation du comportement à partir de traits caractéristiques qui mis ensemble, restitue une logique de fonctionnement.

B) Application au cas du suicide

Jean Bacheler (1979), les suicides.
Pour lui, ce n'est pas le suicide mais le comportement suicidaire, celui qui aboutit aux suicides ou à la tentative.
Sa théorie : il voit les comportements suicidaires comme tentative de résoudre un problème. Ainsi, c'est la dernière option pour résoudre le problème.
1/Il nomme le suicide escapiste : suicide échappatoire, problème qui en fait une situation intolérable. Pour Bacheler, cela peut représenter une douleur.
2/suicide agressif : une personne qui cherche à faire du tort à quelqu'un d'autre. Le suicide chantage (suicide lent), faire en sorte que l'autre modifie son comportement. Le suicide d'appel à l'aide : fait quelque chose pour moi, prend conscience de ma souffrance.

3/suicide oblatif (offrande) : votre suicide résout le problème des autres.
4/suicide ludique et ordalique : risque sa vie comme façon de vivre (roulettes russes).

III) Le style empirique-interactionniste

A) Description du style

L'objectif est de montrer que interactions sont un processus dans lequel acteurs sociaux effectuent un travail de production de relation à trois niveaux à trois niveaux :

- **Travail d'interprétation de la situation**, aucune situation ne s'impose d'elle-même.
- **Travail d'interprétation du rôle** : en situation, nous jouons tous un rôle, ceux qui exigent un travail d'acteurs.
- **Travail de production d'action** : en jouant votre rôle, vous allez collaborer avec les autres pour produire une action ajustée à situation.

B) Application aux suicides

Steve TAYLOR (1967), 1982 London Underground, a travaillé sur métro de Londres, et il a repérer 32 cas de morts suspectes. Taylor dit que sur les 32 cas recensés, il y a eu 17 = suicides, 5= accidents, 10= on ne sait pas.
I existe 2 choses qui jouent beaucoup, qui sont les témoignages des personnes qui connaissaient les victimes, et la biographie de la personne. Quand la famille apprend la mort d'un de ses membres, elle va jouer contre la thèse du suicide.

Leçon 2 : les sociétés modernes : des sociétés égalitaires

I) Fondements de la thèse

A) La « révolution sociale » : une dynamique multiséculaire

1) Les facteurs de la dynamique de moyennisation

Alexis de Tocqueville (1805-1859) reconnait qu'il est incapable de trouver le facteur explicatif du mouvement égalisation conditions (MEC). Le « mouvement égalisation des conditions » est le passage d'un état social aristocratique à un état social démocratique. Etat sociale est la combinaison de 3 caractéristiques fondamentales (échelle économique, politique, culturelle) d'un système social.
Le Schéma de Tocqueville :
Hausse des mouvements d'égalisation des conditions provoque une hausse insupportable des inégalités, qui provoque une hausse de la lutte pour l'égalité.

B) L'égalité : principes structurent des sociétés démocratiques

1) Structuration des mentalités

Dans les sociétés démocratiques, les valeurs fondamentales sont la valeur suprême de l'égalité. **L'individualisme** : celui-ci ne se remet qu'à lui-même pour décider de sa vie. Cela ne sert à rien de s'en remettre aux autres, car, ils sont limités comme nous. Chacun en exerçant ces capacités moyennes s'aperçoit qu'il est capable de mener sa vie et de s'en sortir dans ces affaires courantes.
Matérialisme : souci pour les choses matérielles, on se préoccupe de notre niveau de vie, on se préoccupe de la matière (travail, argent, confort), nous sommes tous menacés dès que la place est bonne, on l'a veut.
Tyrannie de l'opinion : dans la démocratie, il y a une tendance à l'hyper conformisme aux niveaux opinions et croyances, on a une capacité limitée pour se forger une opinion.

2) Impact sur les rapports sociaux en général

La société a un état social démocratique Il faut s'attendre à un repli sur la sphère privée, chacun sait qu'il a très peu d'impact sur la société, puisqu'en même temps chacun donne la

préférence à sa situation personnelle et à ses proches car, cela relève de sa capacité d'action, l'individu aura tendance à se relier sur sa famille et sur ses amis.
La concurrence généralise : les familles sont en compétition les unes avec les autres pour améliorer leur sort et celui de leur enfant, car la société est « mobile » donc toutes les opportunités sont ouvertes dans les sociétés modernes.
Dans cette compétition généralisée on ne supporte pas les discriminations et les inégalités de traitement.
Pour faire avancer les causes collectives, le seul moyen est de s'associer. Les individus qui partagent la même conviction réussissent à se trouver et à se coordonner pour peser par leur masse sur l'évolution sociale.

3) L'impact sur les institutions

L'idée de Tocqueville est que toutes institutions dans les sociétés modernes sont vouées à devenir égalitaire. Pour les institution politiques, on est obligé d'avoir régime égalitaire chaque citoyen a exactement le même poids politiques que les autres. L'évolution à l'anglaise est le fait que le régime aristocratique s'ouvre progressivement à « l'élite » montante de la société.

Le régime égalitaire d'une démocratie peut prendre plusieurs formes :
Le régime bureaucratique socialiste : c'est celui dans lequel tous les hommes sont dépourvus de pouvoir à l'exception du leader, qui gère la population. Un Individu n'a aucune initiative à prendre, il exerce les fonctions qu'on lui attribue et l'Etat se charge de son bien-être.
Le régime démocratique libéral : chaque homme compte pour une voix. Les élections sont libres et les individus participent à la vie collective, les citoyens sont renvoyés à leur propre responsabilité. Chaque homme est auteur de sa vie, cela passe par le mérite.

II) Limites et prolongements

A) Limites identifiées par Tocqueville

1) La dynamique capitaliste

Le développement capitaliste semble marcher à contrecourant du marché d'égalisation des conditions, c'est-à-dire, qu'il creuse les inégalités et qu'il semble capable de recréer une nouvelle aristocratie, il compare les situations des capitalistes avec celles des ouvriers d'industrie à l'échelle économique, culturelle et politique.
Echelle Economique : grandes inégalités,
Echelle culturelle : chefs d'entreprises sont supérieurement intelligent
Echelle politique : capitalistes ont un pouvoir de peser sur le monde avec celui du simple ouvrier.
Tocqueville pense que le creusement des inégalités est un scandale et qu'il sera donc à corriger.

2) Le préjugé racial

L'esclavage n'a pas d'avenir aux Etats-Unis, à cause du mouvement d'égalisation des conditions. L'abolition de l'esclavage ne se traduit pas par l'égalisation des conditions entre blanc et noirs. Pour Tocqueville, ce préjugé tient à une caractéristique particulière d'esclavage en occident, est celle de la spécialisation raciale des esclaves.

Leçon 5 : les sociétés modernes : des sociétés capitalistes

I) La dynamique structurante du capitalisme

A) Association des producteurs : base du système social

Pour Karl Marx (1818-1883), la division sociale du travail renvoi aux techniques de travail, cette association a 4 niveaux :

- **La nécessité matérielle :** on cherche à satisfaire les besoins qui s'impose à nous. Il nous faut des produits qui sont soit des biens soit des services. Si l'être humain ne produit pas il ne consomme pas, par conséquent, il ne parvient pas à satisfaire ses besoins et dépérit dans la mort.
- **La nécessité sociale :** Dans la division du travail, nous occupons des positions différenciées, ces différences de position correspondent à des différences dans les conditions d'existences, des façons de penser, dans les chances que l'on a à améliorer notre situation et dans notre propre identité sociale. On peut distinguer 4 classes sociales en soi en fonction du facteur de production :
    - Capitaliste/bourgeois : ils ont des moyens de production, les outils et le capital financier qui sert à acheter le travail des autres.
    - Petits bourgeois / classe moyenne : petits chef entreprise, commerçants, artisans qui ont un petit capital, et exploite leur propre travail et éventuellement le travail de quelques salariés.
    - Salariés/ ouvriers : ils ont que leur travail, car ils n'ont pas de capital.
    - Paysans : ils possèdent leur exploitation et exploite leur propre travail pour avoir des matières premières agricoles.
- **Association impulse la dynamique sociale :** Association des producteurs est inégalitaire donc, l'inégalité joue à plusieurs niveaux.

  L'insertion dans la division du travail n'est pas libre, elle dépend de facteur de production dont on hérite, elle ne dépend donc pas des mérites et du talents de la personne. Elle relève seulement du déterminisme social.

  L'inégalité dans la répartition des richesses : c'est le travail combiné au capital qui permet de produire la marchandise. Hors ce partage, est un partage injuste car, il est déterminé par la puissance relative du capitaliste et du salarié sur le marché du travail, le capitaliste est en position d'imposer salaires plus bas possibles salaire de subsistance qui équivaut au salaire le plus bas qui permet de vivre.

B) Dynamique de la lutte des classes

1) Les contradictions socio-économiques : moteur du changement social

L'association des producteurs est contradictoire, elle oppose des classes entre elles, elle oppose toujours des dominants qui ont les moyens de s'approprier et exploiter le travail des autres, et des dominés qui ont pas d'autres choix que de se laisser exploiter.

Celui qui l'emporte dans la lutte, c'est le plus puissant et c'est toujours le dominant qui finit par acquérir suffisamment de puissance en inventant une nouvelle relation économique encore plus performante que les anciennes. Par exemple, le passage du féodalisme au capitalisme
Les sers fuient les campagnes et se dirigent vers les villes, comme façon d'échapper aux seigneurs, dans les villes ils sont cantonnés à la banlieue. Les maitres de corporation les engagent comme journalier (1er salariés), c'est le début du salariat. Les maitres de corporation s'enrichissent en faisant de plus en plus appel aux journaliers, pour un travail de type industriel, on a donc des bourgeois riches qui prospèrent dans les villes.

2) Mode de production capitaliste

La Bourgeoisie domine économiquement (marché du travail libre) des gens qui ont que leur force de travail, mais aussi domine politiquement (thèse de Marx . classe qui domine su point de vue économique domine également politiquement). L'Etat et son administration ne sont

qu'un instrument de domination et la seule chose qui compte est de savoir qui détient les instruments.
Pour Marx cela ne peut être que la classe économique dominante pour 2 raisons principales : c'est elle qui peuple le sommet de l'Etat et l'Etat moderne est un Etat endetté et ne peut placer sa dette auprès de ceux qui peuvent acheter, c'est-à-dire les capitalistes.
Elle domine aussi culturellement :

- 1ère raison = production d'idées légitimes est pas également repartit dans population et moyens de critiquer ces idées non plus.
- 2ème raison : les institutions culturelles sont conservatrices, elles cherchent à préserver l'ordre existant.

Les bourgeois sont de plus en plus riches mais de moins en moins nombreux et il se heurte à la baisse tendancielle du taux de profit, ils sont de moins en moins nombreux, la concurrence doit aboutir à la concentration. Ceux qui ne sont pas assez performants disparaissent de l'éco.
Avec la révolution industrielle, seul le travail est source de richesse ou de valeur. Or les capitalistes ont tendance à substituer du capital au travail pour se maintenir dans la concurrence, il devient de plus en plus difficile de produire de la valeur ajoutée et donc du profit.
La montée en puissance du prolétariat prouve que les salariés vont gagner. Ils sont de plus en plus nombreux, et concentrés. Le sentiment d'injustice est de plus en plus fort et les salariés ont de moins en moins perdre.

Leçon 3 : Les sociétés modernes : des sociétés rationnelles

I) La rationalisation : description et facteurs

A) Description de la rationalisation occidentale

1) Rationalisation : part croissante des activités ratio dans la masse des activités

2 activités rationnelles :

- Actions rationnelles en finalité : actions orientées vers plusieurs fins qui évalue les conditions de possibilité et les conséquences de l'action exemple : construction d'un pont ou d'un barrage
- Actions rationnelles en valeur : agit sur principe unique sans tenir compte des conséquences ex : capitaine du Titanic

2 activités non rationnelles :

- Actions rationnelles affectives = sous empire d'une pulsion, émotion, ex : coup de poing sur un stade de foot
- Actions rationnelles traditionnels = actions par routines, habitude

2) Autonomisation / différenciation des sphères activités

L'action humaine permet de se poser différents buts et chacun de ces buts que l'on peut se fixer mais aussi des buts intermédiaires tend à former une sphère un ensemble d'activité qui a sa propre cohérence.
Pour Max WEBER (1864-1920), il y a 6 grandes sphères :

- Sphère religion : piété
- Sphère économique : poursuit utilité = satisfaction des besoins.
- Sphère politique : puissance
- Sphère artistique : beau
- Sphère intellectuelle : le vrai
- Sphère érotique : amour charnel

Mais aussi :

- Sphère technique = doit servir quelque chose,

- Sphère juridique
- Sphère scolaire

La rationalisation s'opère dans ses différentes sphères, donc on progresse dans le sens d'une meilleure réalisation de la finalité, on se perfectionne dans le sens du but que l'on veut atteindre et cela implique de se centrer sur la finalité et de tenir a pars les considérations qui ne relèvent pas de la recherche du but. Par conséquent, les sphères s'autonomisent les unes par rapports aux autres. Elles se différencient donc de plus en plus.

3) Domination croissante des sphères formelles

Il y a 4 types de rationalité

- **Rationalité pratique** : réunir dans des conditions données les moyens qui permettront d'atteindre des fins données.
- **Rationalité théorique/ intellectuelle** : vision la plus cohérente de ce qui existe.
- **Rationalité matérielle / substantielle (systématisation de la conduite de vie)** : les individus cherchent à rendre plus conforme possible leur conduite à un principe.
- **Rationalité formelle** : consiste à penser ce qui existe comme des cas particuliers d'un cas général, consiste à appliquer à ces cas les procédures établis qui les permettent de les traiter.

Ces différents types de rationalité se développent plus ou moins fortement selon les sphères d'activités.
Par exemple, l'économie renvoi au capitalisme, on parle alors de rationalité économique. Le but du capitalisme est de faire du profit
Les Sphères économiques, politiques et intellectuelles sont devenues dominantes, et assurent le triomphe de la rationalité formelle.

B) Explication de la rationalisation

- « Affinité électives » = Convergence entre intérêts et idées pour un groupe social dit « porteur ».
  Dans la société, il y a une innovation idéologique qui se diffuse plus ou moins.
  Quand une idée neuve rencontre un intérêt social, qui va dans le même sens qu'elle, ils ont tendance à se combiner et le groupe social tend à devenir un groupe « moteur » dans la société. C'est lui qui pousse à la rationalisation.
- Personnalités charismatiques : individus porteurs d'une vision du monde révolutionnaire dont les disciples croient aux caractères extraordinaires.

Bien que les sphères se différencient elles restent liées les unes avec les autres et chaque sphère est pour les autres soit parfaitement neutre soient constituent un verrou ou un frein soit un soutient (élément moteur), par exemple la sphère religieuse représente généralement un verrou ou un frein pour les autres sphères d'activités.
La rationalisation de la sphère religieuse a été un soutien à la rationalisation de la sphère économique (passage du catholicisme au protestantisme) en passant du capitalisme traditionnel au capitalisme moderne.

Le passage d'un régime d'activité catholique à protestant n'est pas dû aux profits, la poursuite de la richesse comme but de vie est considérée comme une turpitude, donc condamnée. Le protestantisme agit surtout au niveau du travail :

- 1ére raison : protestant est plongé dans sa croyance dans une angoisse atroce, en effet, il sait que tout le monde n'ira pas au paradis et il y a aucun moyen de savoir si on ira ou pas soit même.

Il faut donc travailler sans relâche dans une profession. Une des choses que veut dieu est que l'homme travaille.

- 2ème raison : l'impulsion vient du travail.
- 3ème raison au niveau du profit : dans esprit catho protestants il va être valorisé comme le signe possible que dieux nous bénit et qu'on va être sauvé.

II) Signification de la vie moderne

A) La « guerre des dieux » et inachèvement de la vie humaine

1) La « guerre des dieux »

Dans l'antiquité, chaque homme devait trouver sa voie et il existait autant de voie que de dieux. Chacun devait trouver ses principes de vie et organisé sa vie à partir de son principe de vie et organisé sa vie par rapport à son principe ou dieux

Au sein du christianisme, il y a 2 voies possibles, la voie qui mène au paradis et l'autre à l'enfer. Les individus doivent suivre la vie éditée par l'église. A l'époque moderne, le christianisme a reculé et nous revenons à une époque proche de celle de l'antiquité, une nouvelle guerre des dieux se déroule dans le cœur des hommes, c'est celle qui se déroule entre les valeurs suprêmes.

Le prolongement de la thèse de la sécularisation :
La sécularisation, c'est le recul de la religion depuis plusieurs siècles à différents niveaux institution, culturel, pratiques et croyantes.
Cependant, depuis 1970, la thèse se heurte à des obstacles forts :

- Monde occidentale : très grande résistance de la religion aux USA. C'est la société la plus moderne et religieuse.
  Il y a un retour de la religion en Europe. Au début des 1980, les pratiques religieuses déclinent mais pas la conscience religieuse.
- Monde extra-occidentale : modernisation se fait de manière parallèle à l'expansion religieuse. La Corée du sud, s'est développée très rapidement, et dans le même temps le christianisme connait une forte expansion. En Chine, le nombre de chrétiens augmente de 10 % tous les ans.

Leçon 4 : les sociétés modernes : des sociétés centrées sur l'individu.

I) Montée de l'individualisme : description et explication

A) Montée de l'individualisme

Le point de départ d'Emile Durkheim (1858-1917) est la fonction de solidarité. Pour qu'une société puisse exister, elle doit remplir cette fonction, c'est-à-dire, qu'elle doit obliger d'une manière ou d'une autre, les individus à tenir compte d'autrui, pour agir et pour penser.

Cette fonction de solidarité doit s'exercer sous forme de règle fondamentales (du vivre ensemble) qui prennent 2 directions :

- Les règles morales : élément de la contrainte.
- Le droit répressif : droit de la peine, droit pénale et le droit civil, droit commercial et administratif

Derrière chaque type de droit, c'est une règle fondamentale qui s'exerce. On cherche à punir ce qui enfreint les règles sur le mode de la vengeance, on ne s'intéresse pas à la personne on ne s'intéresse qu'à l'acte. Ici la personne humaine est presque rien, c'est le groupe qui est tout.

Dans le droit restitutif, on ne cherche pas à se venger, on cherche à remettre les choses en état pour la victime, on fait en sorte que celui qui commet une faute répare les dégâts qui l'a causé. Dans ce type de droit l'individualisme est pleinement assumé, c'est le droit des contrats entre des individus autonomes et intéressées dont la valeur de contractant est pleinement reconnue.

B) Les mécanismes explicatifs de la montée d'individualisme ?

1) Facteur immédiat/ direct :

C'est la division sociale du travail qui est la spécialisation des groupes sociaux sur des fonctions qui forment un système. Comment agit cette division sociale du travail ? Elle va agir sur le moi sociale de la personne.
La personne désigne le moi personnel (désirs égoïstes).
Le moi sociale signifie l'identité sociale, les rôles et les statuts de la personne.

Dans chaque société, la socialisation est le mécanisme qui va forger le moi sociale en moi personnel, par le biais du rôle social que joue l'individu.
Le moi social varie en fonctions du degré d'approfondissement de la division sociale du travail. Dans les sociétés primitives, la division du travail est faible. Le moi social est à peu près le même pour tous dans leurs âge et sexe, car il exerce tous les mêmes rôles sociaux en lien avec les mêmes statuts.
Le moi personnel ne peut pas se développer, les individus sont interchangeables, la solidarité qui s'exerce est une solidarité par similitude, c'est-à-dire, on tient ensemble car on est les mêmes.

Dans les sociétés modernes, la division du travail est très poussée. Le moi social a une grande chance de différée car, il y a autant de moi sociaux qu'il existe de gout professionnel, alors chaque groupe a son propre statut et son rôle. Par conséquent, d'un groupe à l'autre, les individus sont très différenciés, le moi social est relativement faible, et le moi personnel a plus d'opportunités de se développer.
On attend des individus qu'ils soient plus autonomes, on est plus tolérant avec les différences et on accepte que les individus poursuivent leur propre intérêt pourvu qu'il remplisse leurs fonctions.

2) Facteurs agissant derrière ou avec la division du travail

La division du travail ne peut pas venir d'elle-même mais seulement d'un évènement traumatique. Pourquoi ? Comme la division du travail n'a pas toujours existé elle relève fatalement de l'innovation. Pour Durkheim, une innovation comme celle-là ne peut passer que si la société est déjà affaiblie. Plus on est nombreux, plus on communique, plus la division du travail est la solution à ce dilemme.
Le rôle de l'Etat est d'encourager la mobilité, la défense des droits personnels.

Histoire Economique et Sociale depuis 1945

Chapitre 1 : le temps de la reconstruction (1944-58)

I- Une reconstruction politique de la France

A) L'état politique de la France en 1944

1) Combler le vide juridique et politique

1) La charte

Dans ce contexte, la seul force politique qui surnage est De Gaulle (1890-1970) qui maintenant est enfin reconnu par les alliés et plébiscité par les français. Celui-ci va gouverner sans contrepoids, il est secondé par le gouvernement provisoire. Les partis politiques qui vont renaitre doivent s'appuyer sur des valeurs nouvelles qui ont été mise en place par la résistance.

Les grands points de cette charte sont :

- **La volonté de redresser le pays est manifeste** : cette reconstruction se pose sur l'idéal de liberté, la préservation de la démocratie, rétablir la démocratie, rendre la parole au peuple….
- **Le retour des grands moyens de production à la nation** (nationalisation d'un certain nombre de grande branche de l'économie)
- **La possibilité donnée aux ouvriers si la qualification le permet d'intégrer les fonctions de direction et d'administration**
- **Le volet social**, c'est rappeler le doit au travail et au repos, l'Etat va devoir permettre l'amélioration des conditions de travail. Mais aussi un réajustement des salaires, le garantis des pouvoirs d'achat, la reconstitution d'un syndicalisme indépendant.
- **La question des peuples qui compose l'empire coloniale** : la charte de 1944 reconnait davantage de droit politique pour eux.

2) La reconstitution des formes politiques traditionnelles

Il y a 3 forces politiques :

- **Le Parti Communiste (PC)** a été discrédité car en 1939 on a eu le pacte germano-soviétique mais en 1944 c'est le parti de la résistance.
- **Le Société Française de l'Internationale Ouvrière (SFIO)** : ce parti va être déchiré entre l'intention de préserver l'esprit et l'héritage de la résistance.
- **Le Mouvement Républicain Populaire (MRP) :** celui-ci va s'imposer tous de suite en France car c'est le parti le plus proche du général De Gaulle et c'est le seul parti qui s'oppose au parti communiste.

2) Les consultations électorales du 21 octobre 1945

Ils ont lieux le même jour du referendum, l'enjeu est énorme, mais le résultat est attendu. Les résultats bouleversent les équilibres politiques que la France avait connu. Il y a 4 choses à retenir de ce vote :

- **La force poussée de la gauche marxiste** : à eux seul, il rassemblait moins de 35 %. En 1936 et frôle la majorité absolue en 1945 et obtienne la majorité des sièges à l'assemblé.
- **L'effondrement du centre gauche**
- **Le centre doit traditionnel s''est effondrer au profit du MRP**
- **Les grands gagnants : le PC, SFIO, MRP → 454 sièges sur 590 sièges**

B) L'année décisive : octobre 1944-octobre 1946

1) Le retour à la pratique parlementaire antérieure

1) Le retrait du Général De Gaulle

La lutte entre les partis et De Gaulle dure d'octobre 1945 à janvier 1946 et s'achève sur la démission du Général De Gaulle et le triomphe de l'assemblée. De Gaulle refuse de suivre les vœux des communistes donc, un conflit éclate, qui aboutira à deux mois plus tard à la démission de De Gaulle.

2) L'échec du premier projet constitutionnel

Le SFIO refuse de gouverné avec le PC et va travailler avec le MRP pour gouverner. Le projet est affaibli. Dans ces conditions, il n'est pas étonnant que le projet soit mal fait et que les français rejettent le projet (53 % des voies est contre ce projet). On va devoir élire une nouvelle assemblée constituante.

C) L'adoption de la constitution de la 4ème république

1) L'assemblée constituante de 1946

1) Les nouvelles institutions de la 4ème république

Il en résulte 4 points :

- **L'assemblée nationale** : les députés ont des pouvoirs étendus. Ils sont élus pour 5 ans. L'assemblé ne peut pas déléguer son pouvoir législatif.
- **La seconde chambre** : le conseil de la république (sénat actuel). Il joue un rôle très secondaire et a des pouvoirs assez réduits.
- **Le président de la république** : élu par les deux chambres qui sont réunies en congrès. Il est élu pour 7 ans, et son rôle est de désigner le président du conseil.
- **Le gouvernement** : il est dirigé par un président du conseil dont on a pris soin de limiter son pouvoir pour préserver le pouvoir de l'assemblée nationale.

D) La vie politique de la 4ème république (1946-1958)

1) Reconstruction de la politique (1946-1954)

1) L'échec du tripartisme (1946-1952)

Le retrait du parti communiste :

En novembre 1946, les français sont appelés aux urnes pour élire les députés, il en résulte le constat suivant, les trois grands partis se maintiennent. Les partis qui existaient sous la 3ème république renaissent (parti radical). La situation économique est le fait qu'il faut relever la France, les 3 grands partis sont d'accord sur le fait de prendre le programme de la charte comme programme économique. Par ailleurs, les grands partis sont d'accord pour ne pas augmenter les salaires mais ne pas les augmenter signifie mener une politique de rigueur, celle-ci entraine un mécontentement dans le monde ouvrier qui est immense et celui-ci provoque l'éloignement du parti communiste des autres formations. Au printemps 1947, des grèves importantes vont se dérouler sous l'encouragement du PC.

Le gouvernement de la 4ème république se rapproche des USA et le PC ne peut pas accepter ce rapprochement. L'approche économique et les difficultés coloniale fait que le communiste quitte le gouvernement le 5 mai 1947.

2) La troisième force

Elle désigne la formule politique qui va s'imposer entre 1947 et 1952, elle se substitue au tripartisme intérieur et elle va devoir résister contre deux périls, le parti communiste à gauche, et le mouvement créé par De Gaulle, le rassemblement peuple français (RPF).

➔ **Elle conduit à l'immobilisme dans les affaires intérieures** :

Dans l'opinion publique, les gaullistes et le communisme forme une majorité dans l'opinion publique. Mais ces deux-là, ne peuvent pas s'unir, les partis de gouvernement s'efforce de résister à la pression et ils le font par les jeux de coalition. Il en résulte nécessairement un immobilisme constant, car ils sont condamnés à vivre ensemble, ce qui suppose des compromis et donc de ne rien faire. Par ailleurs, il faut régler la question coloniale. En face le Général De Gaulle, a créé un parti RPF qui se veut être un rassemblement. Lors des élections municipales, le RPF bride 40 % des suffrages et s'installe dans les 13 plus grandes villes de France.

2) Le centre droit au pouvoir

1) Le politique économique d'Antoine Pinay (1891-1994)

Il donne à la droite en France son 1er gouvernement depuis la libération. Certain membre du RPF se joignent à lui sans faire appel à la SFIO.

La France renait grâce au plan Marshall (prêts accordés aux Etats touchés par la guerre pour se reconstruire). Le déficit budgétaire c'est réduit, il n'est pas total car les problèmes coloniaux pèsent durement sur l'économie française. L'inflation menace de s'améliorer encore. **Pinay s'efforce de rétablir l'équilibre budgétaire, en diminuant les investissements de l'Etat ce qui lui permet de limiter l'augmentation des impôts et il obtient de la part des américains, la moitié des dépenses de la guerre d'Indochine**. Pinay parvient à assainir l'économie française en quelque mois, cela permet une politique d'expansion mené par des gouvernements successifs.

2) La catastrophe indochinoise

Les pays décident d'une grande conférence internationale qui va se tenir à Genève en 1954. Cette conférence doit réunir les grandes puissances qui doivent discuter de la situation.
Par conséquent, en 1954, l'objectif est de battre les indochinois. La bataille de Diên Biên Phu va être le calvaire des français, ils vont prendre une défaite très sévère. La situation désespérée provoque le renversement du gouvernement et c'est dans ces circonstances que la 4ème république va essayer de régler la situation dramatique indochinoise.

II- La crise de la 4ème république

A) La parenthèse mendésiste

1) Les réalisations de Mendes France (1907-1982)

- **La guerre d'Indochine**, il arrive au pouvoir en juin 1954 et affirme qu'il va régler la question indochinoise. Mi-juillet, Mendes France parvient à un accord avec les 45 puissances, la France se retire du Vietnam (Indochine), le pays est alors divisé en 2, au nord les communistes d'Ho Chi Min et au sud, un gouvernement soutenu par les américains.
- **La question économique** : Mendes exige des pouvoirs spéciaux en matière économique pour faire des réformes. D'abord, il instaure une politique d'assainissement de l'économie française, dont l'objectif est d'avoir des outils économiques sain. Puis le dirigisme de l'Etat, qui avait été passé au second plan sous Pinay, il revient au premier plan avec Mendes, Il est marqué par une volonté de s'acquérir l'opinion public.

2) La poursuite par le gouvernement d'Edgard Faure (1908-1988)

A la suite de mai 1968, Charles De Gaulle fait appelle à Faure en 1er ministre. C'est donc, lui que l'on appelle président du conseil à la suite de Mendes.
Faure est confronté à la nécessité d'obtenir un vote de confiance, l'assemblée refuse et renverse le gouvernement Faure. On se retrouve dans la constitution de MENDES qui consistait à dissoudre l'assemblée, si deux gouvernements successifs sont renversés à la majorité absolue dans un délai inférieur de 18 mois. Faure demande la dissolution de

l'assemblée nationale au président de la république. Faure obtient la dissolution de l'assemblé.

B) La fin de la 4ème république

1) Le gouvernement Guy Mollet (1905-1975)

Mollet prend ces distances avec Mendes et il va prendre un certain nombre de décision en matière sociale et coloniale. La relance de la politique sociale passe par la 3ème semaine de congé payés acquis en 1956.
Par ailleurs, Mollet décide de favoriser la retraite des travailleurs âgés avec une pénibilité du travail, pour se faire, on met sur pied le fond national de solidarité.

Le 25 mars 1957 est la signature du traité de Rome qui amorce le partenariat politique entre pays européens. Mollet va essayer d'intensifier les relations de la France avec les pays du tiers monde notamment avec l'Inde et l'Egypte. Mollet va opter pour une solution politique intransigeante à l'égard de la crise algérienne. La question de la guerre d'Algérie devient urgente. En 1957, la situation est dramatique. Les origines de cette guerre sont à rechercher dans l'aggravation de la situation algérienne depuis la fin de la seconde guerre mondiale :

- **La question institutionnelle** : l'Algérie n'est pas une colonie car elle est composée de département. Autrement dit sur le plan institutionnel, elle dépend du ministère de l'intérieur, malgré tout, il s'agit de département et d'un statut dérogatoire au sein des départements français.
- **La question politique** : Le gouvernement français exige un interlocuteur privilégié et légitime. Or le nationaliste est déchiré entre plusieurs courant, il n'y a pas d'interlocuteur et par ailleurs le courant le plus radical est un courant qui a recours à la clandestinité et à la violence.
- **La crise économique** : En matière économique, la population est sondée entre une économie tenue par les colons européens qui est rudimentaire pour les populations autochtones.

2) Les derniers feux de la 4ème république

Dans l'hiver 1958, il y a un sondage « êtes-vous favorable au retour de De Gaulle » non à 77 %.
Quelques semaines suivantes, De Gaulle va apparaitre comme la solution à la crise du régime de la 4ème république.
Le 15 mai, A Alger on appelle De Gaule. De Gaulle va faire une série de déclaration dans laquelle il se pose en homme d'ordre. Il obtient la majorité à l'assemblé et des pouvoirs étendus et le 3 juin De Gaulle obtient le pouvoir de réviser la constitution.

III- La reconstruction de l'économie française.

A- L'héritage de la guerre

1) Les instruments de la reconstruction économique

1) Les nationalisations

L'idée directrice est simple, il faut que **l'Etat se substitue à l'initiative individuelle et il faut que l'Etat assure l'indispensable redressement du pays.** Pour y parvenir, l'Etat a recourt aux nationalisations, celle-ci ont deux justifications :

- **Les cas de collaborations** : un certain nombre de grand patron ont rallié le régime de Vichy dès 1940. L'état décide sanctionner ces grands patrons. Les entreprises Renault et les mines du nord sont sanctionnées.

- **L'état cible les grands domaines de l'économie** dans lesquels on estime qu'il faut moderniser l'économie française et elle passe par certain modèle privilégié. Dans le domaine des transports, mais aussi en matière d'aviations.

2) La modernisation sociale

L'Etat décide de mettre en œuvre partiellement la modernisation sociale de la société française. Elle suppose de repenser les rapports sociaux, le rapport au travail. Les réformes sont la création des comités d'entreprise qui est une autre façon de considérer la gestion de l'entreprise général, c'est pour les entreprises qui contiennent au moins 100 salariés. En 1946 on impose la généralisation de ce système pour les entreprises de plus de 50 salariés.

On assiste à la création de la sécurité sociale en 1945. Cette situation doit couvrir les frais médicaux, d'hospitalisation, assurance pour la famille en cas de décès. La sécurité sociale doit verser une assurance d'invalidité. Enfin, dans le cadre de l'âge, les travailleurs les plus âgés doivent percevoir une assurance vieillesse.

3) La planification de l'économie

La planification est née de Pierre Mendes France en 1944. Le responsable du premier plan est Jean Monnet.
Le plan mit en œuvre par Monnet est un plan qui va indiquer les propriétés de l'économie française et qui va mettre en place des dispositifs indicatifs. Ce plan s'appelle **le plan de modernisation et d'équipement.** Le plan oriente les crédits publics vers l'industrie de base et vers la production de matière énergétique. Il faut remettre sur pied l'industrie de base, cela signifie que 6 secteurs fondamentaux sont mis dans le plan, l'électricité, le charbon, l'acier, le ciment, le transport et les ports. L'objectif est de remettre sur pied l'économie française, il faut pour l'année 1948 avoir retrouvé le niveau de 1929 pour avoir dépassé ces objectifs et obtenir la remise sur pied de l'économie Française. L'objectif comporte des difficultés comme le manque de main d'œuvre, le problème de l'inflation pas de stabilité des prix et le problème énergétique car pour pouvoir produire des matières premières, il faut lancer cette production.

B- Vers la modernisation de l'économie Française

1) Le tournant libéral d'Antoine Pinay (1891-1994)

1) La défense de l'orthodoxie budgétaire

Entre mars et juillet 1952, l'indice des prix baisse de 4 %. Toutefois, Pinay ne parvient pas à maintenir son effort, ce qui fait que cette baisse va être démentit à la rentrée suivante. Par conséquent, Pinay est obligé de bloquer les prix. Pinay a bien compris que l'une des faiblesses de la France est le manque de capitaux qui sont dus au défaut d'injection des capitaux dans l'économie française. Il choisit de mettre en œuvre une amnistie fiscale, Pinay lance un grand empreint gagé sur l'or qui se révèlera très couteux. Le gouvernement Pinay veut rétablir l'équilibre budgétaire en réduisant les dépenses publiques.

2) Les résultats de l'expérience Pinay

Cette expérience n'a pas été aussi bonne pour l'économie française. Si on prend le bilan économique, il est nettement moins positif. Le problème de Pinay c'est qu'il a affaire à un mauvais contexte économique. Malgré toute la politique menée par Pinay, elle est loin de favoriser l'économie. Le déficit commercial induit une chute des recettes fiscales., l'équilibre budgétaire n'est pas obtenu, et on a freiné l'économie française.

Chapitre 2 : le temps de la modernisation (1958/1974)

I- La modernisation politique

A) La fondation de la 5ème république

1) La mise en place des nouvelles institutions

1) La confection des nouvelles institutions

De Gaulle s'est engagé à donner à la France de nouvelle institution et c'est même à cette condition qu'il est revenu dans l'arène politique. Le projet est soumis à un référendum le 28 septembre 1958. La très grande majorité de la classe politique soutient le projet. S'y opposent les communistes et un certain nombre de grandes personnalités de la 4ème (Mendes, Mitterrand). Le 28 septembre, la constitution est adoptée de façon écrasante, 79.25% de la population vote le projet.

2) Les grands principes des nouvelles institutions

Pour De Gaulle, l'échec de la 4ème république est que les institutions ne sont pas adaptées aux enjeux du moment.

Les attributions du président république, le président est la clé de voute des institutions, il veille à son aspect et assure le fonctionnement régulier des pouvoirs publics, il est le chef des armées, il est le garant de l'intégralité nationale. Le mode de désignation du président lui confère une légitimité plus grande que celle dans la 4ème. On met en place un collège de grands électeurs qui comprend les députés, les sénateurs, les conseillers généraux et un certain nombre de conseiller municipaux.

Les compétences du président :

- **Nomme le 1er ministre** et sur proposition du premier ministre, il nomme les autres membres du gouvernement.
- **Il peut dissoudre l'assemblé national**e après avoir consulté le 1er ministre et le président des deux chambres.
- **Il peut recourir au référendum**, il ne peut traiter que des questions liées aux pouvoirs publics.
- **Il dispose par le biais de l'article 16**, de pouvoir exceptionnel qu'il peut mettre en œuvre en cas de menace.

En face, on a une assemblée nationale et un sénat :

- **L'assemblée nationale élu pour 5 ans**
- **Sénat élu au suffrage indirect et les sénateurs sont élus tous les 9 ans** et renouvelable par tiers. Cela permet une stabilité dans l'ordre politique. Les sénateurs ont un rôle réduit car en cas de désaccord avec l'assemblée nationale, les sénateurs doivent se plier à la volonté de l'assemblé sauf dans des cas exceptionnels.

Il y a encore deux institutions :

- Le gouvernement nommé par le président. Au terme de l'article 22 de la constitution, le **premier ministre détermine et conduit la politique de la nation**. Le premier ministre c'est lui l'homme fort de la nation mais dans la pratique on est loin de cette vocation première. Le 1er ministre est appuyé par une majorité parlementaire, c'est lui qui devrait avoir une certaine force de prééminence.
- **Le conseil constitutionnel** qui est chargée de veiller à la constitutionnalité des lois. Ce conseil est composé de 9 membres élut pour 9 ans avec les anciens présidents, il est renouvelable par tiers tous les 3 ans.

2) Le règlement de la crise algérienne

1) Les grandes étapes de l'indépendance

Le 13 mai 1958, De Gaulle (DG) est appelé pour régler le conflit algérien. Le 3 juin, DG obtient les pouvoirs extensibles. Le 4 juin, DG se rend à Alger et il dit « je vous ai compris », cela semble une réponse favorable aux attendes des colons d'Algérie. Dans le même temps DG décide de remercier le général en chef Salan.

Dans les mois qui suivent DG essaye de négocier auprès des nationalistes algériens, de soutenir le moral des troupes. En novembre 1960, considérant le blocage de la situation, DG évoque le principe de l'indépendance de l'Algérie, par conséquent, les colons ont compris que DG n'avait plus les mêmes idées qu'en 1958. En mars 1962, il y a l'indépendance aux termes des accords d'Evian qui ont été obtenue.

2) Les conséquences politiques de l'indépendance algérienne

Elles sont aux nombres de deux essentiellement :

- **Le traumatisme des colons** : le 13 mai 1958 les émeutes d'Alger ont précipité le retour de DG, les colons vont se sentir trahis et vont se retourner contre la politique gaullienne au point d'embrasser la position exactement inverse, ils vont devenir les adversaires de DG. Ils ne vont pas hésiter à recourir à la violence. En avril 1961 les choses vont dégénérer la tension est à son comble avec le putsch des généraux. On a 4 généraux en chef en Algérie : Salan, Challe, Jouhaud et Zeller. Il décide de s'emparer du pouvoir à Alger. Cette tentative a trois faiblesses :

• Pas de relai suffisant auprès des autorités civiles.
• On a un fort contingent de réserviste qui ont été appelé en Algérie et qui n'ont pas envie d'aller dans l'expédition des 4 généraux.
• Ils ont sous-estimé DG.

- **Les fractures de la classe politique** : elle va se diviser en 2 sur la question de l'indépendance et va diviser les parties eux même. En 1958, la droite s'est ralliée à DG. Cependant la droite comprend vite que la politique pragmatique de DG n'est pas la meilleure et va s'en détacher.

A gauche, les communistes ont manifesté leur attachement à l'Algérie indépendante et sont des adversaires à DG. Pour les socialistes, c'est plus complexe car bon nombre de socialistes se sont ralliés aux communistes, mais ils ont compris que DG menait la politique qu'ils auraient voulu mener. Ils vont alors voter. Les socialistes demeurent dans l'opposition, ils vont maintenir la pression en faisant des manifs dans Paris.

B) La république gaullienne (1962-1974)

1) La stabilité politique

1) La recherche de la continuité gouvernementale

DG, c'est 11 ans de présidence. DG n'a fait appel qu'a trois premiers ministres (Debré de 1958 à 1962, Pompidou de 1962 à 1968 puis Couve de Murville 1968-1969).

Ce choix écrit la continuité de l'action gouvernementale. C'est le président qui oriente la politique nationale. Désormais, il y a un suivi des dossiers et un suivit dans l'action politique. Cela est plus vrai dans certains domaines qui sont cher à DG. Les raisons de la stabilité gouvernementale ne résident pas seulement dans les institutions de la 5ème, il faut aussi une volonté claire du chef de l'Etat car c'est lui qui décide de cette stabilité, elle est possible que si elle est le reflet de la conviction personnel du chef de l'Etat.

2) Les élections présidentielles de 1965

La télévision, pour la première fois permet aux candidats de s'exprimer et de faire valoir leur programme et de se faire connaitre auprès des français. DG se présente à la télé mais c'est un vieux candidat et il a des idées pas très moderne.

Les sondages sont très dénonciateurs. DG est fragilisé par cette campagne. Mitterrand est le candidat essentiel à gauche avec 22% en septembre, en octobre 27%. DG est crédité de 69 % de vote en octobre mais en novembre 61% et fin novembre, il passe en dessous des 50%. On voit la mise en ballotage de DG car Mitterrand le talonne. DG au premier tour n'atteint pas les 45%, entre les deux tours DG se ressaisit et multiplies les entretiens télévisés et ce montre proche des français et au second tour il s'impose avec 54.4%. Mitterrand a gagné une grande légitimité.

2) Les échecs de la présidence gaullienne

1) L'essoufflement du gaulliste et les élections législatives de 1967

C'est la politique étrangère de DG qui est soumis à des critiques. C'est une politique de grandeur qui pousse à prendre son égard avec les américains. DG sans se concerter avec quiconque décide de condamner Israël dans l'affaire de la guerre des « 6 jours » en juin 1967. Toutes ces initiatives sont propres à DG et gène ses partisans, or ces initiatives ne font l'objet d'aucun débat dans l'assemblée ni même au sein du gouvernement. Il y a aussi le recours à la législation par ordonnance c'est-à-dire sans faire appel au gouvernement. Elle est utilisée en matière sociale. Cette législation suppose qu'il n'y a pas de débat et de concertation avec les syndicats.

2) Mai 1968

La crise de mai 1968 est en réalité une crise qui touche tous les pays industriels. Les raisons de ces crises sont différentes. **En France, c'est crise est une crise dû à la mutation dans la société et le poids de départ est la contestation des étudiants qui s'explique par la mutation profonde que connais l'université au cours des années 1950.** Le nombre des étudiants a été multiplié par 7 en 30 ans. En 1967 on a 570 000 étudiants. On a une génération d'étudiant nouvelle et les pouvoirs publics n'y étaient pas préparés. La contestation s'explique par l'amélioration du niveau de vie des français.

On a ainsi un cercle infernal qui s'enclenche (émeute, manifestation…). On assiste à des interventions très violentes entre policier et étudiant. Dans ce contexte, le gouvernement Pompidou est un gouvernement qui est débordé et qui ne s'y attendait pas, à tel point que DG et Pompidou sont en voyage d'Etat et ils doivent revenir très vite.

Il y a un mouvement social qui prend le relai. Sur le plan ouvrier, Pompidou décide de prendre le contrepied de la politique mené jusqu'ici. Pompidou en mai 1968 décide au contraire de privilégier le dialogue avec les syndicats. C'est ainsi que le 27 mai, syndicat et gouvernement signe les accords de grenelle qui porte sur des revendications salariales.

Au printemps 1969, DG fidèle à sa pratique antérieur décide de faire appel à la nation par l'intermédiaire d'un referendum. Il fait peser tous son poids, sa personnalité, il porte sur une question assez technique, cette réforme touche le sénat. DG soumet à referendum une nouvelle réforme constitutionnel et fait peser dans la balance sont maintien au pouvoir. Ce referendum permet à toutes les oppositions de se coaliser contre DG. Le referendum est rejeté par la population à 53% des voies. DG démissionne immédiatement.

II- La modernisation économique et sociale de la France (1958-1974)

A) Le temps de l'expansion économique

1) Le grand assainissement de l'économie française

1) L'héritage de la 4ème république

Les points faibles hérités de la 4ème est le déficit budgétaire qui est important mais qui se comprend car, on est dans un contexte de reconstruction et de modernisation. Le déficit commercial est persistant et qui contraint les gouvernants à opérer périodiquement un certain nombre de dévaluation qui démontre la faiblesse du franc. Le contexte politique fait que les dépenses sont extrêmement élevées et on assiste à un déséquilibre qui est dû à la nécessité de la guerre et des importations. Il y a cependant des points positifs : un secteur public dynamique, qui permet à l'économie nationale d'être relancée.

2) La politique économique menée par DG

3 aspects important :

- **L'éventuelle doctrine de DG** : il a deux convictions :

- **Que doit être le rôle de l'état** : il a une responsabilité majeure dans la vie économique, il doit veiller aux grands équilibres et doit assurer les conditions optimales pour la vitalité économique. Pour DG, l'Etat doit assurer l'équilibre budgétaire qui peut amener à fragiliser l'économie nationale.
- **La place d'une économie nationale dans l'économie internationale** : l'Etat doit aider certain secteur clé. L'Etat va supporter les entreprises qui vont s'ouvrir au commerce international.

- **L'action économique de DG lancée dès 1958** : il faut préparer le budget de 1959, DG décide une politique économique extrêmement volontariste. Rassurer les investisseur et les grandes entreprises par des effets d'annonces, on va rappeler Pinay, on va faire un nouvel emprunt en considérant l'état des finances du pays. On décide d'une politique de rigueur afin de s'opposer contre l'inflation et le déficit.
- **Le plan Pinay- Rueff** :

Le plan est de mettre en rapport la politique économique de la France :

- **Il en résulte une lutte contre le déficit public** : le gouvernement doit diminuer les dépenses, augmenter les recettes. Cela passe par des réductions de dépenses, une réduction des subventions et par l'augmentation des recettes comme l'impôt des sociétés plus une taxe sur les hauts revenus.
- **Stabiliser la monnaie** : fixer la valeur du franc pour que sa convertibilité soit toujours constante et que la compétitivité des produit français soit effective. Cela passe par une évaluation et par la mise en place du nouveau franc (un franc nouveau équivaut à 100 anciens franc).
- **Il faut libérer les échanges extérieurs** : rentrer de plein pied dans la construction européenne. La France fait le pari de tourner le dos des tarifications douanières.

B) Les mutations de la société française

1) Les mutations de la société traditionnelle

1) Une forte croissance démographique

Cette forte croissance démographique est du :

- **A l'accroissement naturel de la population** : il est dû au recul de la mortalité, entre 1939 et 1960, le taux de mortalité est passé de 19/1000 à 11/1000. Cela a été accompagné d'une reprise de la natalité, la France enregistre par an 850 000 naissances, un taux de natalité de 17.8%. On se retrouve par an, à 350 000 personnes de plus.
- **Le bilan migratoire quant à lui constitue le second facteur de la croissance démographique française**. Après 1945, on assiste à une augmentation du flux migratoire.

2) L'avènement de la société de consommation.

1) Les raisons de l'avènement de la consommation

On a des comportements inédits qui se dessinent, il y a :

- **Les enfants du baby-boom** : la jeunesse va manifester un certain nombre de besoin qui vont être entretenu par un système commercial qui bat son plein.

- **Les séniors qui vont constituer un groupe autonome**, la vieillesse a tendance à reculer, il bénéficie de la retraite mais ils ont encore les moyens de bénéficier les progrès récents avec son pouvoir d'achat.

Introduction à l'Economie Générale

Chapitre 1 : La production

I) Les facteurs de production

A) Le capital au sens technique du terme

Au sens technique du terme, **le capital**, c'est des machines, des infrastructures, des moyens, **des choses qu'on va pouvoir mobiliser** (la machine à tisser, les ordinateurs…) donc des **biens de production,** qu'on peut opposer à des **biens de consommation**. Ce sont des biens qui servent **à produire d'autres biens**.

Quelle est la durée de vie de ces biens ?
Les matières premières et l'énergie sont des biens qui vont disparaître rapidement : on appelle cela le « **capital circulant** ».
D'autres biens vont rester dans le cycle de production : « **le capital fixe** ».
Ex : la machine à spaghettis n'est pas détruite dans le processus de production : c'est du capital fixe. On parle de capital fixe quand le bien dure **au moins un an**.

Plus le capital va durer, plus il va y avoir de **problèmes**. Tout d'abord, on va être confronté au problème de **l'usure**. Ensuite, on va être confronté au problème du **progrès technique** : celui-ci s'améliore au fur et à mesure des années, et les machines que l'on possédait vont devenir « **obsolètes** ».

Le phénomène d'amortissement : Quand une entreprise **investit dans une nouvelle machine**, l'état lui permet de **payer moins d'impôts** (notamment pour **pousser les entreprises à investir**). Du coup, vu que l'entreprise paye moins d'impôt, on peut dire **qu'elle économise**, qu'elle épargne. Cette épargne va servir à remplir la machine quand elle sera obsolète. Et c'est cette épargne qu'on appelle **amortissement.**
Quand on dit qu'une machine est amortie, c'est qu'on a assez épargné pour pouvoir la changer.

B) Le capital au sens financier

Au sens financier, le capital, c'est de **l'argent**, mais pas celui dans le portemonnaie : c'est une somme d'argent qui doit **être placée**, c'est un **placement financier**. Le capital, c'est de l'argent qui rapporte de l'argent, qui permet de faire plus d'argent.
« L'argent fait des petits », c'est un **processus de capitalisation**.
Cela s'opère à travers **le taux d'intérêt**.
Imaginons que le taux d'intérêt est à 10% et qu'on a placé 100euros.
100 + (100x0,1) =110euros.
110 + (110x0,1) =121euros sur deux ans, gain de 21euros.
Les 21 euros s'appellent une **plus-value**. C'est un processus **d'accumulation du capital.**

C) Le capital au sens juridique (aspect propriété du capital)

Le capital de l'entreprise c'est ce que l'entreprise **doit à ses propriétaires**.
Cette propriété va donner droit à avoir un revenu : **les dividendes**.
Les entreprises qui sont appelées **sociétés** possèdent un très grand nombre de propriétaires : **les actionnaires** : ils ont des **titres de propriété** dans les sociétés.

Marx a dit que le capital, c'est « une valeur qui se met en valeur » : une valeur qui va faire la plus-value.
Le capital pour se mettre en valeur va devoir rencontrer un autre moyen de production.
Le capital c'est un **rapport social** : le capital est possédé par certaines personnes, et pour se

mettre en valeur, il faut qu'il se mette en relation avec d'autres, qui n'ont **pas de capital** (salariés) et qui vont **accepter de travailler.**

L'investissement

L'investissement, **c'est l'acquisition de biens de production**. **C'est un flux financier** : on va mesurer un investissement entre deux dates, alors que le capital est un **stock de capital** : le capital c'est la quantité des moyens de production, quelque chose qu'on ne mesure qu'à une date définit.

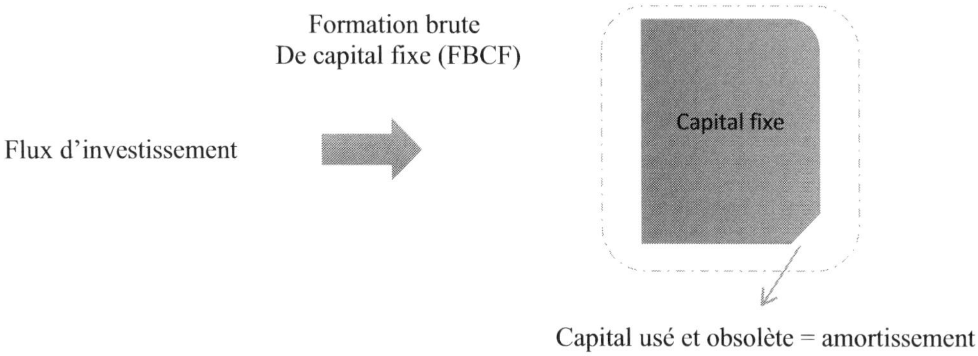

La FBCF, est un **agrégat économique** qui mesure l'investissement en capital fixe d'une entreprise. La FBCF, c'est donc **l'achat de capital fixe et de biens de service**, ce qui correspond à la grande majorité des investissements de l'entreprise.
Dans le calcul de la FBCF, on prend en compte **le coût de remplacement des machines obsolètes, cassées…**

Il existe **plusieurs types d'investissement** :

- Les investissements **matériels (corporels)** = investissement dans des choses corporelles, des machines, des outils, etc…
- Les investissements **immatériels (incorporels)** = service de recherche et développement, services de formation des entreprises, tout ce qui relève de la publicité et de la communication, droits d'auteur…

Quels sont les déterminants de l'investissement, qu'est-ce qui fait qu'on investit ?

- **Les perspectives de vente** : on investit car on pense que dans l'avenir on va pouvoir vendre en plus grande quantité.
- **L'utilisation des capacités de production** : les entreprises utilisent rarement leur pleine capacité de production, car elles gardent une petite marge en cas de fluctuation de la demande, en général, on reste à 80 /90% d'utilisation.
- **Les conditions financières** : on estime les sommes d'argent qu'on va gagner demain, et la question est : Qu'est-ce que ça vaut aujourd'hui ces sommes que je gagnerais demain ? C'est le **taux d'actualisation**.

Chez Keynes, il prend en compte **la psychologie de l'entrepreneur** : ceux qui sont joueurs ou non. Ensuite, on étudie les conditions financières.
Pour lui, les investissements se passent du côté de l'offre mais uniquement si on a **anticipé la demande auparavant**. Chez Keynes, les investissements sont instables : si le contexte économique n'est pas favorable.

II) La force de travail

Il y a **plusieurs statuts** envisageables pour le travailleur :

- Le **travailleur indépendant** qui possède ses outils de production : agriculteur propriétaire de ses terres, artisan (artisan boulanger par ex).
- Le **salariat**, qui aujourd'hui est la figure majeure du travailleur. La majorité des gens qui travaillent sont des salariés.

Le salarié et le travailleur indépendant n'ont pas affaire au problème du chômage de la même façon : le salarié va **dépendre de l'autre** pour travailler, de son capital : il peut donc être confronté au problème **du chômage** contrairement au travailleur indépendant, qui peut avoir des **difficultés à écouler ses stocks** mais ne peut pas être au chômage. Le salarié en temps de crise va être confronté au chômage

La population active

Définition de la population active : c'est l'ensemble des personnes qui occupent un emploi rémunéré mais aussi, les personnes qui sont à la recherche d'un emploi rémunéré. Les chômeurs **font donc partie de la population active**.

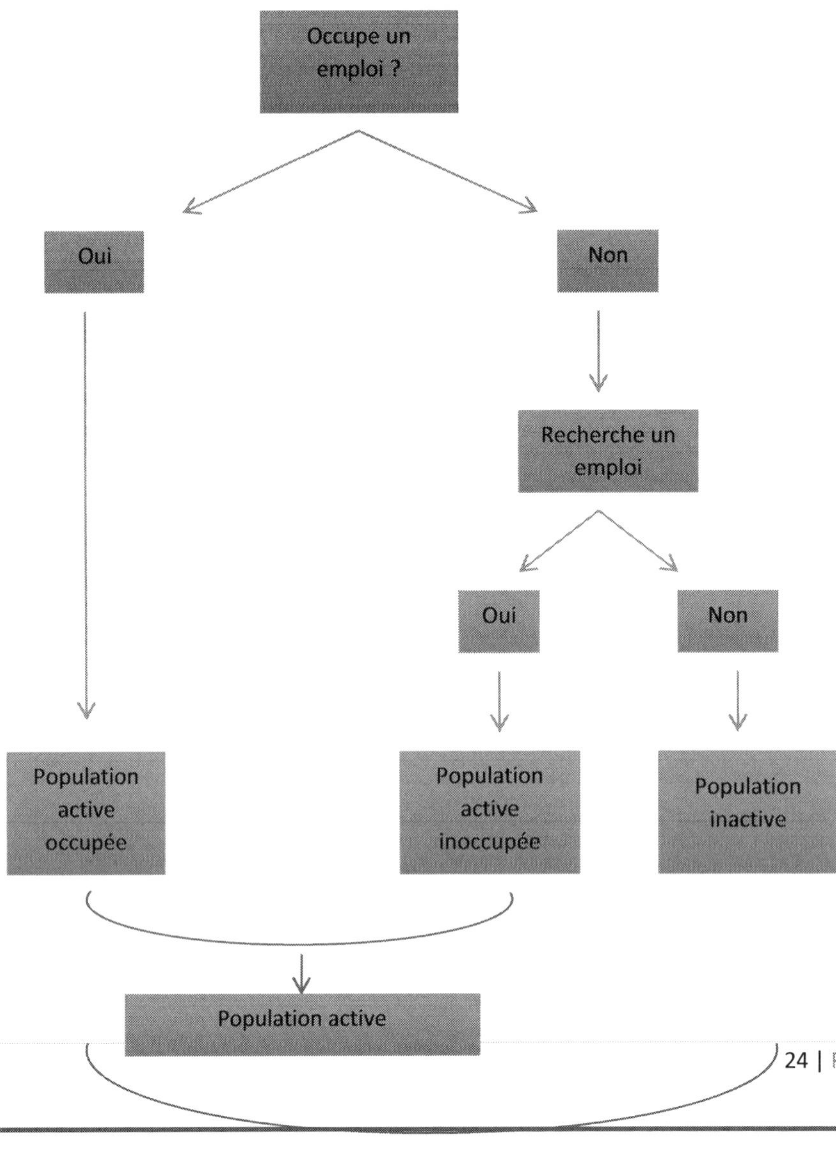

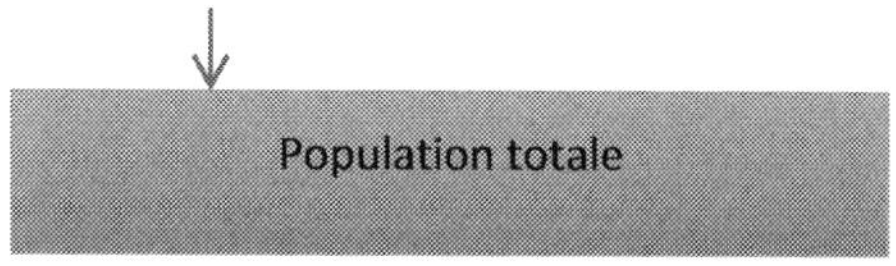

Si on s'intéresse à la population active, il y en a **une partie** qui va **dépendre de la population totale**. Si on est dans un pays ou la **pop âgée est importante**, les **inactifs** seront **nombreux.**

L'emploi

<u>Quels sont les types d'emploi ?</u>

- Les classer selon les **grands secteurs économiques** : secteur primaire, secteur secondaire et secteur tertiaire :

- **Primaire** : l'ensemble des secteurs économiques qui vont plus ou moins **transformer la nature** : agriculture, miniers… (biens)
- **Secondaire** : recouvre deux grands secteurs : l'**industrie**, et le **bâtiment et les travaux publics** (BTP) : production d'infrastructures (biens)
- **Tertiaire** : ce sont les activités dites de **services.**

- Les classer par **catégories socio-professionnelles** (CSP).

Ce classement permet d'introduire des hiérarchies en termes de formation et de compétences.
On constate donc que les agriculteurs sont donc de moins en moins présents dans la population active. Les artisans, commerçants voient aussi leur part dans la population active diminuer. Les cadres et professions intellectuelles supérieures ont vu leur part augmenter fortement, traduction d'une forte augmentation des compétences de la population Française.
L'augmentation des compétences de la population française se traduit également par l'augmentation de la part des professions intermédiaires dans la population.
Les employés eux sont devenus la CSP la plus représentée en France actuellement. Enfin, la baisse de la part des ouvriers dans la population active est due notamment à la désindustrialisation.
On constate donc un **accroissement de la qualification de la population Française** mais la **majorité de la population reste peu qualifiée** (employé et ouvriers).

Le chômage

Une partie de la population active est au **chômage**. Comment **définit-on** le chômage en France ? Deux grandes définitions s'opposent :

- La définition internationale, du bureau international du travail (BIT), une agence de l'ONU, doit convenir à tous les pays : On est au chômage si on **n'a pas d'emploi**, si on est **immédiatement disponible**, et il ne faut pas avoir travaillé dans la « **semaine de référence** » (semaine où se fait l'enquête de l'INSEE), même si on a travaillé une seule heure dans la semaine.
- La définition de Pôle Emploi va évaluer les **demandes d'emplois en fin de mois**.

<u>La durée du temps de chômage de longue durée :</u>

Dans les années 1970-1980, la **durée moyenne du chômage était de 8mois**. Depuis les années 2000, la moyenne fluctue entre 12 et 16 mois.
Ce chômage de longue durée pose plusieurs problèmes : plus longtemps on est éloigné d'un emploi, **plus il est difficile d'y revenir**, et les compétences acquises seront émoussées.

La structure du chômage :
Le risque de se retrouver au chômage n'est pas réparti équitablement sur toute la population active. Il y a **des groupes sociaux** plus exposés que d'autres au chômage.
Le sexe est un élément qui va jouer sur le fait qu'on soit au chômage ou non. Les femmes y sont souvent plus que les hommes : en 2012, au sens du BIT, 9,7% de la population active était au chômage. Les hommes actifs étaient 9,5% à être au chômage (moins que la moyenne), et les femmes actives étaient 10% à être au chômage (plus que la moyenne).
L'âge est également un élément qui va jouer sur le fait qu'on soit au chômage ou non. Les 15-24 ans étaient 23%, 25-49ans étaient 9%.
Le diplôme : en 2010, si on était non diplômé, 16% de taux de chômage. Avec un diplôme du supérieur, environ 6% de taux de chômage.
Les catégories socio-professionnelles : le taux de chômage des cadres en 2010 était de 4%. Pour un ouvrier, taux de chômage : 14%.
Selon les régions, le taux de chômage varie également : Le Nord-Pas-De-Calais a un taux de chômage supérieur à la moyenne nationale, alors que la Bretagne avait un taux de chômage plus faible que la moyenne.

III) La question énergique

Pendant très longtemps, les économistes vont considérer la nature comme des biens gratuits qui ne sont pas rares, qui existent en **quantité illimitée**.

L'épuisement des ressources :
La révolution industrielle, c'est une **révolution de la consommation énergétique** : on découvre de nouvelles énergies, les **énergies fossiles** (charbon, pétrole, gaz). Ce sont des végétaux qui ont poussé il y a très longtemps et qui se sont transformés en **énormes sources de carbone** en se fossilisant. Ce sont des énergies **non renouvelables**.
Pour se développer économiquement, il faut augmenter les consommations énergétiques.
La consommation d'énergie, **au niveau mondial** : charbon (29%), pétrole (34%), gaz naturel (24%), nucléaire (5%), autres (7% dont 6% d'hydraulique).
Environ 80% des énergies mondiales consommées aujourd'hui sont des énergies fossiles.

La pollution, le changement climatique :
On va continuer, pour se développer, à consommer des énergies fossiles, et cela contribue à un rejet important de CO2, ce qui entraîne un **réchauffement important** de la Terre.
Ce réchauffement va entraîner des problèmes, comme la **montée du niveau des mers**, le développement **d'ouragans, de tempêtes**, ça va également entraîner une modification des précipitations, et le développement **de zones désertiques**.

Réaction des Etats du monde **: Protocole de Kyoto**. C'est un traité international adopté au Japon qui engage **les pays développés à réduire leurs émissions de gaz à effet de serre.**

IV) Comment on organise la production ?

A) Productivité et production

Productivité : Quantité produite / quantité de facteur de production.

Productivité du travail : indicateur physique : pour chaque personne qui travaille dans le secteur.
Productivité du travail : (Nombre d'auto * prix des autos) / Masse salarial du secteur.

Productivité apparente : très souvent compliqué distinguer productivité du travail et du capital.

B) L'organisation du travail de taylorisme du fordisme.

Adam Smith (1723-1790) dans la richesse des nations (1776), il parle de la division du travail. La division du travail consiste en une répartition toujours plus spécialisée du processus de production de sorte que chaque travailleur peut devenir spécialiste de l'étape de la production à laquelle il se consacre, accroissant donc l'efficacité de son travail, sa productivité.

Frederick Winslow Taylor (1856-1915) : OST : Organisation scientifique du travail.
Le principe fondateur de la démarche réside dans une double division du travail :

- **Une division verticale du travail**, soit la stricte séparation entre la conception des tâches par les ingénieurs et leur exécution par les ouvriers.
  Avant Taylor, les ouvriers conçoivent eux-mêmes leurs méthodes de travail, ce qui se traduit par un climat de « flânerie systématique » et une productivité très médiocre.
  Pour Taylor, le rôle de l'encadrement doit consister à indiquer aux employés la meilleure manière de réaliser une tâche, de leur fournir les outils et formations appropriés, et de leur délivrer des objectifs et incitations en vue d'atteindre la performance.
- **Une division horizontale du travail**, soit une répartition optimale entre postes de travail, de façon à minimiser les doublons et les ambigüités.

Henry Ford (1863-1947) : son objet symbolique est le convoyeur (= travail à la chaîne.) standardisation des produits et des outils. Si on produit à la chaîne on produit en très grande quantité et pour ça, il faut standardiser les produits (Ford T) pour avoir un impact sur le rythme de travail.

Le but de ce développement de l'entreprise est d'accroître la productivité et la production de l'entreprise grâce à plusieurs principes :

- **la division du travail en une division verticale** (séparation entre conception et réalisation) et **en une division horizontale** (parcellisation des tâches), et l'apparition de **la ligne de montage** (et donc du travail à la chaîne).
- **La standardisation** permettant de produire en grandes séries à l'aide de pièces interchangeables.
- **L'augmentation du salaire des ouvriers** (5 dollars / jour contre 2 à 3 auparavant), afin de stimuler la demande de biens et donc d'augmenter la consommation. Mais cette augmentation des salaires avait pour but principal de lutter contre le taux de roulement (démission des ouvriers) devenu de plus en plus élevé avec l'apparition du travail à la chaîne, qui rendait les conditions de vie des ouvriers encore plus difficiles qu'auparavant.

Chapitre 2 : La répartition

I) La répartition

Autre manière d'appeler cela : la distribution des revenus.
Ce système de répartition dans nos sociétés modernes fonctionne de la manière que ce se sont les revenus qui vont **découler de la production (revenus primaires)** car ce sont les premiers distribués.

II) Le système redistributif

A) Les grandes fonctions de l'Etat (fonction dite de protection sociale)

Pierre Rosanvallon (1948) : 4 fonctions reconnus à l'Etat :
=> **Fonction d'institution du social :** c'est l'Etat qui créé les citoyens et qui créé la nation exemple : utilisation du français a était obligé par les pouvoirs publics.
=> **Fonction régaliennes :** état gendarme parce qu'il décide le fait que les pouvoirs publics est le garant de l'ordre public c'est-à-dire de faire régner la sécurité sur le territoire.
=> **fonction de régulation de l'économie :** les secteurs légitime de l'intervention de l'Etat : infrastructures, éléments avec lequel la population ne serait pas prête à payer (exemple : éducation.), industrie militaire (politique industrielle pour augmenter les exportations), secteur agriculture (PAC), quand crise économique : intervention des pouvoirs publics.
=> **Fonction sécurité sociale** : welfare state (état providence) on parle d'état social : on lutte contre les risques sociaux comme les accidents, retraite.

B) La protection sociale et sécurité sociale.

La protection sociale est l'ensemble des mécanismes de prévoyance collective qui permettent aux individus ou aux ménages de faire face financièrement aux conséquences des risques sociaux, c'est-à-dire aux situations pouvant provoquer une baisse des ressources ou une hausse des dépenses (vieillesse, maladie, invalidité, chômage, charges de famille…). La protection sociale a donc à la fois des objectifs matériels (permettre aux individus de survivre quand ils sont malades, ou âgés, ou chargés de famille nombreuses, par exemple) et des objectifs sociaux (réduire l'inégalité devant les risques de la vie et assurer aux individus un minimum de revenus leur permettant d'être intégrés à la société).

Elle est assurée par des institutions : c'est d'abord la Sécurité sociale (protection contre la maladie, la vieillesse, etc.), mais pas seulement elle. Il s'agit aussi de l'État lui-même dont le budget assure certaines dépenses (bourses scolaires, indemnisation des chômeurs en fin de droits, par exemple) et des collectivités territoriales (les Communes peuvent prendre en charge certaines dépenses des retraités ayant peu de ressources, comme les dépenses de transport, par exemple).
Enfin, les administrations privées (les organisations caritatives, comme le Secours catholique ou le Secours populaire, par exemple) prennent en charge également une partie de la protection sociale, souvent en direction des populations les plus marginalisées.
La plupart des dépenses de protection sociale sont financées par les prélèvements obligatoires. Les impôts permettent de payer les dépenses inscrites aux budgets de l'État ou des collectivités territoriales. Les cotisations sociales patronales et salariales permettent de financer les dépenses de la Sécurité sociale.

III) Le revenu des ménages.

A) Répartition des revenus primaires

On appelle **répartition primaire, la répartition de la richesse créée dans une économie entre les différents acteurs ayant directement participé à la production**. La richesse créée est évaluée par le PIB (produit intérieur brut), qui correspond à la somme des valeurs ajoutées des entreprises présentes sur le territoire de référence.
On peut schématiquement distinguer deux facteurs de production essentiels : le capital et le travail, qui contribuent à la création de valeur ajoutée au sein des entreprises. L'ensemble de cette valeur ajoutée est réparti entre la rémunération de ces facteurs de production et les prélèvements des administrations publiques (car elles perçoivent à ce stade des impôts sur la production réalisée).
Les deux bénéficiaires principaux de la répartition primaire sont donc :

- **Les ménages**, qui perçoivent des revenus d'activité (salaires, traitements), des revenus de la propriété (loyers, dividendes) et des revenus mixtes (revenus des entrepreneurs individuels et professions libérales) ;
- **Les entreprises**, qui réalisent un profit (généralement évalué par l'excédent brut d'exploitation, correspondant à la différence entre le chiffre d'affaires réalisé et les charges supportées).

B) Évolution des prestations sociales

La part des prestations sociales a augmentée fortement dans le revenu disponible des ménages. Les revenus secondaires ont pris un poids de plus en plus important dans ce qui permet aux ménages de vivre.

La principale dépense aujourd'hui est celle des retraites. Ce qui s'explique par le vieillissement de la population française dans son ensemble. Les retraités qui partent disposent de retraites pleines car ils ont cotisé au maximum. C'est un système de solidarité entre les générations.

Le 2ème grand risque est la santé avec environ 2 700 euros par personnes et par ans. 75% de ces dépenses sont prises en charge par la sécurité sociale. Le reste est pris en charge par les complémentaires santés.
Pourquoi une hausse des dépenses ? Premièrement à cause du vieillissement de la population. La couverture maladie est meilleure que celle d'avant ce qui incite les individus à se soigner davantage. Le progrès technique joue un rôle notamment avec des techniques hospitalières, des médicaments qui coûtent plus cher.

Le 3ème risque est la famille. Elle connait aussi une évolution importante avec 1/3 des dépenses de protection alors qu'aujourd'hui plus faible (presque divisé par 3). Les évolutions récentes ont fait que de plus en plus de critères sociaux ont été intégrés aux allocations.

IV) Prélèvement obligatoire et inégalités sociales.

Les principaux outils de mesure des inégalités sont calculés en prenant appui sur la distribution des revenus des agents dans une économie donnée et sur une période donnée :

- La courbe de Lorentz met en relation les pourcentages cumulés des revenus et/ou des patrimoines et de la population. Plus la courbe est creusée (éloignée de la bissectrice), plus la répartition est inégalitaire.

- Le rapport interdécile est une méthode simple d'évaluation des inégalités, consistant à diviser le revenu moyen des individus appartenant au dernier décile (les 10 % les plus riches) par le revenu des individus appartenant au premier décile (les 10 % les plus pauvres). Plus le rapport interdécile est élevé, plus les inégalités sont fortes pour la population concernée.

• Le coefficient de Gini est un outil déduit de la courbe de Lorentz, couramment utilisé pour mesurer les inégalités : il correspond au rapport entre la surface comprise entre la courbe de Lorenz et la bissectrice et la surface totale du demi carré délimité par la bissectrice. Plus l'indice se rapproche de 1, plus la distribution est inégalitaire.

En France, les inégalités de patrimoine sont plus fortes que les inégalités de revenus : 10 % des ménages détiennent plus de 45 % du patrimoine total. La France fait partie des pays développés dans lesquels les inégalités de revenus sont relativement stables.

Chapitre 3 : La Dépense

La consommation finale

I) La Consommation Finale : une notion plurielle

Cela vise à satisfaire les besoins des ménages (individuels/collectifs) qui amène à des modes de financement différents :
-Dépense de consommation socialisée (partie de dépenses médicales)
-Dépense de consommation individualisable
-Dépense de consommation collective

La consommation finale vise à satisfaire certains besoins :
1ère Thèse : Affirmation du lien entre consommation et besoin.
Sur quoi repose cette vision ? Sur l'idée que le consommateur est un être autonome et rationnel. **L'autonomie** c'est celui qui détermine par lui-même ces besoins (pas influencé par d'autres acteurs) c'est-à-dire, la souveraineté du consommateur (le consommateur est roi)
La rationalité du consommateur : le fait qu'on décide au mieux, toujours le meilleur calcul (dépenser mon agent pour être au mieux satisfait)
La catégorisation : besoins primaires (manger, boire, vêtir), secondaires (culture, loisir). Les besoins proviennent du consommateur.

Les Lois « d'Engel » parle d'effet revenus (si on fait varié le revenu, (augmenter) en quoi les consommations des ménages ont bougé aujourd'hui comparer à avant ?).
Trois types de bien pour les Lois Engel :

- **1ère loi d'Engel, Alimentation : si le revenu augmente, la quantité de revenus dépensés en alimentation est moins conséquente. Si le revenu augmente la part consacrée à l'alimentation diminue.**
- **2ème loi d'Engel, vêtements & logement : si le revenu augmente, les dépenses sont plus élevées pour se vêtir et se loger. Effet revenu qui est égale à 1. Si j'augmente de 1.5 mon revenu les dépenses sont augmentées de 1.5 aussi.**
- **3ème loi d'Enge, Les loisirs & culture : Si les revenus augmentent plus que proportionnel au revenu. Effet revenu qui est supérieur à 1.**

2ème thèse : la thèse c'est la consommation des ménages est destiné à écouler la production.
C'est la production qui se débrouille pour écouler la production, c'est l'offre qui est motrice.
Ce sont des besoins solvables : besoins associés à un pouvoir d'achat.

<u>Désir :</u> la culture du manque.
Les entreprises par la publicité, par plusieurs éléments font en sortent que les consommateurs, achète leurs produits. La consommation est une norme collective.

Les contraintes socio-économiques : on est forcé de consommer par l'organisation du monde. L organisations de la vie moderne fait que les lieux de vies sont éloignés. Les individus ne sont pas complètement autonomes. (Type de logement, déplacement)

II) Les mesures de la consommation.

La consommation finale des ménages c'est la destination principale des revenus disponibles des ménages. Plus de 80% des revenus disponibles est dépensé sous forme de consommation final, le reste (épargne 10-20%).

- Individualisables : la prise en charge sous forme de prestations sociales des dépenses qui sont liée à la couverture des risques.
- Collectifs : services à l'ensemble de la collectivité

Exemple : sur 1000€ de dépense, 200€ provienne de cette consommation socialisée.

Pourquoi cette évolution (consommation de masse) ?
L'augmentation générale des pouvoirs d'achats, fait plus d'argent, donc plus de capacité à consommer. Il y a aussi le cycle de vie des produits (au départ c'est innovant, puis au fur et à mesure il va s'améliorer et va devenir un produit banale). Enfin, l'évolution des modes de vie, très dynamique, société rurale à des sociétés urbaines.

Phénomène de désépargne : si le pouvoir achat se ralentie on puise dans l'épargne pour maintenir mon niveau de consommation.

III) L'épargne et le patrimoine des ménages.

L'épargne c'est la part non consommée du revenu disponible des ménages.
La forme est déterminant de l'épargne :
Différence épargne brute (capital fixe à acheter) / épargne nette (épargne brute – amortissement), la vraie épargne une fois que l'on a tout payé.
Il y a 3 types d'épargne :
Epargne thésaurisée (thésaurisation) : épargne du circuit financier classiquement on met de côté chez nous. (Argent qui ne rapport pas d'intérêt).
Epargne placée : placement financiers (produit qui vous est proposé par un acteur économique, si on lui laisse son argent il nous fait évoluer notre argent).
Epargne liquide : qui peut être mobilisé mais qui ont un cout (coût de transaction) ce qui nous prend du temps, donc de l'argent. Exemple : le compte épargne.

Qu'est ce qui fait que les gens vont épargner ? Deux grandes thèses.

- ♣ Première thèse : les keynésiens : l'épargne c'est ce qui reste quand on a consommé. Elle est considérée comme un résidu.
- ♣ Deuxième thèse : les libéraux : l'épargne et le fruit d'un calcul, du fait de la rationalité des acteurs. Pour eux, C'est renoncer à la consommation immédiate, « abstinence ». on va avoir d'avantage d'argent dans le futur pour dépenser plus tard.

Plusieurs critères vont jouer comme le niveau de revenus (Keynes). Selon notre niveau de revenus on a un certain niveau de vie « propension à consommer », s'il reste du revenu on appelle cela la proportion à épargner.
La propension à consommer va être fort si on a peu de revenus et on a aucune propension à épargner.

L'autre élément qui va jouer c'est le taux d'intérêt (loyer de l'argent), c'est ce qui va inciter à épargner. **Le taux d'intérêt c'est la forme que va prendre mon épargne**. Les individus ont une préférence pour la liquidité, car il peut arriver des aléas dans la vie, par conséquent, c'est plus sûr d'avoir de la liquidité disponible.

IV) La question du patrimoine des ménages.

Epargne c'est un flux monétaire (toutes les sommes épargnées qui sont cumulés) cela donne du patrimoine (stock).

Le patrimoine (= ce qui vient de nos père) est ce que l'on peut léguer à un héritier. L'ensemble des actifs (avoirs) qui sont susceptibles d'être une source de revenus.

Un actif peut être :

- Corporels ou matériels : actif que l'on peut toucher, ex : des terrains, immeubles, appartements.
- Incorporels : les brevets, les droits d'auteurs ainsi que le fonds de commerce.

Quel est la valeur de l'ensemble du patrimoine en France, c'est 13 mille milliards d'euros, c'est 6 fois le PIB « richesse produite par an ». Ce patrimoine à baissé depuis 2 ans à cause de la crise.

Introduction aux Droits et aux Institutions

Le système de droit français

Le droit français est divisé en branches ; nous nous intéresserons seulement aux droits de personnalité juridique.

Une règle de droit est générale et impersonnelle, car elle s'applique à tout territoires français et vaut pout toute personne qui s'y trouve. Elle définit droits et devoirs de tout être humain, elle a une finalité sociale car elle a pour but d'organiser la vie sociale, c'est en cela qu'elle se distingue d'une règle morale ou religieuse. Elle va être amener à contredire des règles morales ou religieuses (divorce, avortement, …)

La règle de droit comporte une sanction émanant de l'Etat sous forme de deux ordres :

- D'exécution contrainte : ne paye pas dette donc on vend votre maison.
- Sanction réparatrice.

Pourquoi nous sommes contraints par le droit ?

Plusieurs explications :

Référence aux droits naturels : ensemble des règles générales de conduite humaine.

Les règles de droit se distinguent en 2 parties :

- Droit objective : constitué ensemble de règles par une société.
- Droit subjective : formé par ensemble des droits dont une pers. déterminé peut se prévaloir, cet a ce droit subjectif que nous intéresserons.

Le Droit subjective se compose 2 parties :

- Droits patrimoniaux : tous droits qui peuvent être évaluable en argent comme droit à héritage. Ils sont transmissibles, cessibles (vendre), saisissables, prescriptibles (cesse au bout d'année x).
- Droits extrapatrimoniaux : hors du patrimoine, comme droit politique, ce sont des droits incessibles, intransmissibles, insaisissables, et imprescriptible. Ces droits sont détenus par les personnes physiques ou morales dotés de personnalité juridique.

En France, il y a 2 types de personnes qui ont la personnalité juridique : personnes physiques et personnes morales.

- **Les personnes morales** se divisent en 2 catégories : personnes morales de droit privé (entreprise). Ces personnes, en cas de litiges doivent saisir les tribunaux d'ordre civil.
  Les personnes morales de droit publique peuvent être l'Etat, mais aussi les collectivités locales (commune, département, région…). Elles sont à la fois des administrations et des personnes morales de droit publique.
- **Les personnes physiques** sont dotées de la personnalité juridique notamment par naissance à condition que l'enfant naisse vivant et viable. Un enfant mort-né ou mort pendant l'accouchement n'a pas de personnalité juridique.

Toute personne physique a la personnalité juridique, cela signifie, qu'il est titulaire de droit, qu'il peut exercer à l'égard de chose et d'autrui, mais aussi, il a des obligations juridiques comme l'obligation de respecter la loi.

La capacité juridique permet d'agir en justice, et répondre de ces devoirs. Il existe également l'incapacité juridique qui représente une personne mineure, mais aussi le cas pour des personnes ayant une insuffisance au niveau du discernement et faculté médicale.

Donc la personnalité juridique et la capacité juridique sont différentes.

La personnalité juridique ne veut pas dire capacité juridique. L'Incapacité juridique est le mineur. Le mineur est selon l'article 388 du code civil, une personne qui n'a point l'âge de 18 ans accomplit.

Le droit admet qu'un enfant mineur peut effectuer seul certains actes très personnels comme par exemple reconnaissance d'un enfant naturel ou rédaction d'un testament. Il existe des mineurs bien âgée de moins de 18 ans qui peuvent bénéficier d'une émancipation. La loi prévoit 2 causes émancipation :

1. Mineur qui se marie est automatiquement émancipé, et cette émancipation survit au divorce.
2. Possible à partir de l'âge de 16 ans de demander au juge des tutelles une émancipation, et cette demande peut émaner soit du tuteur lui-même soit l'un de ses parents soit du conseil de famille. Le mineur émancipe ne peut pas être commerçant.

La vie en commun du point de vue juridique :

La vie en commun se distingue par 3 situations qui sont le mariage, le pacs, et le concubinage. Ces trois manières ont des différences :

- **Le mariage** : c'est un acte d'état civil effectué devant représentant de l'Etat (maire ou adjoints) et c'est un acte solennel exigeant certaines conditions.

  Les Conditions :

  - Futur conjoint doit être majeur légal. Les futurs conjoints doivent satisfaire un dossier qui comprendra justification de leur identité, ainsi qu'un certificat prénuptial remit au maire.
  - Le jour prévu, la cérémonie a lieu en public, le maire et son représentant liront les articles de la loi qui précisé droit et obligations des futurs époux, puis c'est acte sera signée par les 2 époux et leurs témoins.

- **Le Pacs** : contrat entre deux personnes.

  Pour mettre fin au pacs, il faut la volonté de la personne. Il lui suffit de déposer devant le tribunal d'instance une demande d'annulation.

- **Le concubinage** : aucune protection juridique, aucune obligation, pendant fort longtemps, la loi française refuse au concubiné, le moindre au droit ou le concubin meurt l'autre n'a rien.

La succession et libéralité en droit de la famille :

La succession : ensemble des liens, des droits et actions qui appartenaient au défunt à la date de son décès et dont les divers éléments reviennent aux héritiers.

C'est un Acte juridique, où une personne transfère au profit d'une autre appelé légataire, un droit ou un bien dépendant de son patrimoine libéralité peut être consentit en pleine propriété en nue-propriété en usufruit.

La transmission de ce patrimoine aux héritiers soit par la loi soit par volonté du défunt est dite universel ce qui signifie que transmission est aussi bien négatif que positif.

Qui sont les héritiers ? Il y a d'abord, les héritiers désignés par la loi et auquel le défunt ne peut échapper. C'est la proximité du défunt, d'abord descendant, vienne ensuite les ascendants puis les grands parents.

Quelles sont les différentes sortes de testament :

- Ecrit en entier de la main, signé et daté il n'y a pas de formules sacramentaires, peu importe la langue voire le même support.
- Testament authentique : qui suppose un notaire et deux témoins et le testateur va dicter son testament au notaire qui peut le conseiller.

Le divorce d'un point de vue juridique :
Pour toute demande de divorce, c'est le juge aux affaires familiales qui convoquera des conjoints et c'est lui lors de cette tentative tentera de les concilier accompagné de leurs avocats. Il peut en même temps prendre des mesures provisoires comme fixer résidence des enfants ou fixer montant d'une pension alimentaire.

Il existe chaque type de divorce certaines particularités ;
Pour la demande conjoint de divorce, ce sont les époux qui vont rédiger une convention dans laquelle ils détermineront la manière dont les biens, ou garde enfants est organisé…C'est donc le juge qui décidera des effets de la rupture.
La pension alimentaire à laquelle est tenu chacun des parents est calculé en fonction du revenu de ces parents. (200 et 500 euros par mois).

SEMESTRE 2

Introduction à la Gestion

Chapitre 1 : L'approche système de l'entreprise.

Section 1 : L'entreprise est un système.

I) Définition

Un système est un ensemble d'éléments en interactions dynamiques. Un système est une entité relativement individualiste qui se détache de son contexte ou de son milieu tout en procédant à des échanges avec son environnement. Tout système est composé d'un réseau d'interaction entre ses éléments, des voies de communication qui supportent les échanges internes et des voies de communication qui supportent les échanges avec l'environnement.

L'entreprise est considérée comme un système ouvert à composantes humaines.

II) La structure du système

Le système est composé d'éléments de voies de communication, de réservoirs et de limites :

- **Les éléments :** le premier des éléments c'est la personne, mais on s'intéresse également aux éléments inertes que les personnes vont utiliser dans leurs diverses activités : outils, machines, instruments, produits ... Un élément peut être lui-même considéré comme un système.

Une personne est l'éléments principale de l'entreprise.

- **Les voies de communication :** Les éléments du système vont interagir entre eux. Il est nécessaire de mettre en place un système de communication pour relier les éléments.

Exemple : messagerie, note de service…

- **Les réservoirs :** on régule les échanges, car il faut pouvoir stocker les éléments. On parle de réservoir de stockage.

Exemple : ficher informatique, armoire de classement, répondeur téléphonique…

- **Les limites :** Quand on mène à bien une étude il faut en savoir les frontières.

Exemple : dans une étude sur le fonctionnement d'un système de type hypermarché, il est pertinent d'inclure comme élément du système le client ou consommateur mais aussi est-ce pertinent d'inclure ses amis ou sa famille ?

III) Le fonctionnement des systèmes.

Le système fonctionne parce que ces éléments interagissent entre eux et avec l'environnement en utilisant les voies de communication et les réservoirs.

<u>L'interaction est le concept central de la théorie des systèmes.</u>

Une interaction entre deux éléments est un échange d'information, d'énergie ou de matière entraînant une influence réciproque.

Dans les systèmes ayant atteint un certain état d'équilibre, la complexification croissante nous amène à distinguer plusieurs niveaux ou sous-systèmes :

*1° niveau : <u>Operations</u> =>Le système est actif, il y a donc des opérations qui sont effectuées et qui produisent un résultat. C'est le sous-système des opérations.

*2° niveau : <u>Régulation</u> : le système est stable, il existe donc un mécanisme de régulation qui lui permet de revenir à l'équilibre lorsqu'une perturbation survient.

*3° niveau : <u>Décision</u> : la régulation simple n'est plus efficace pour assurer la survie du système. Un mécanisme de prise de décision se différencie.

*4° niveau : <u>Traitement de l'information</u> : cette prise de décision suppose le traitement des informations produites par les deux premiers niveaux et donc l'émergence d'un système d'information de mémorisation.

*5° niveau : Coordination : devant le grand nombre de décisions que le système est appelé à prendre à chaque instant, un système de coordination se met en place.
*6° niveau : Imagination : en coordonnant ses actions, le système devient capable d'imaginer de nouvelles formes d'actions ; un sous-système d'imagination se différencie.
*7° niveau : Finalisation : enfin le système est capable de se finaliser, de définir un projet, et d'adapter ses décisions. Il doit exister quelque part dans le système, un sous- système de finalisation.

IV) La propriété des systèmes

Les systèmes ouverts ont tous en commun un certain nombre de propriétés qui les caractérisent. Il s'agit entre autres :
* **La finalité :** Les éléments humains du système vont se différencier, se répartir les rôles.
On peut classer les rôles en trois grandes catégories :
- des rôles de décision
- des rôles d'exécution
- des rôles de contrôle
Cette notion de rôle est fondamentale dans l'organisation des systèmes. Il n'y a pas d'identité entre rôle et élément humain du système.
L 'auto-organisation est une propriété spécifique de systèmes ouverts. Les entreprises existent souvent sans projet clairement explicité.
* **La totalité :** Un système ouvert est un tout. Tout ajout ou suppression d'un élément modifie profondément le système. Quand on enlève un grain d'un tas de sable, on ne modifie pas le grain de sable. Quand on enlève un attaquant d'une équipe de football, l'équipe et la nature de jeu sont profondément modifiés.
Deux raisons à cela :
- les grains de sable non pas de rôle, ou plutôt ils ont tous le même rôle,
- la suppression d'un grain ne modifie pas le comportement des autres grains.
* **La non-sommativité :** Il est impossible de déduire les caractéristiques d'un système en faisant la somme des caractéristiques de ces éléments. Réciproquement, il est impossible de déduire les caractéristiques d'un élément à partir de celles du système auquel il appartient.
Un système ouvert à composante humaine à sa vie propre, distincte de la vie de chacun des éléments.
* **La primauté de l'information :** Dans les systèmes ouverts à composantes humaines, les éléments interagissent principalement en échangeant des flux d'informations entre eux et avec le contexte du système.

Ces flux d'information sont vitaux pour le bon fonctionnement du système puisqu'ils permettent de réduire le champ des possibles et, à certains éléments, de prendre de bonnes décisions.
Une information est de bonne qualité lorsqu'elle est :
– **identifiable** par le récepteur comme étant une information,
– **compréhensible par le récepteur**, c'est-à-dire écrite dans un langage commun à l'émetteur et au récepteur,
– **pertinente**, c'est-à-dire correspondant aux préoccupations du récepteur.

Une information circule bien à condition :
–que les voies de communication existent, soient connues et utilisées de tous les éléments,
–que les réservoirs existent (qu'il existe des moyens de stocker l'information), permettant une transmission différée de l'information.

Enfin, les éléments ont besoin d'information de nature différente :
–Rôle de décision : informations dites de pilotage
–Rôle d'exécution : informations permettant la compréhension des opérations
–Rôle de contrôle : information de type feed-back.

Chapitre 2 : Les théories des Organisations.

Section 1 : Ecole classique

I) L'organisation scientifique du Travail : OST

A) Les Principe de L'OST

3 principes de base :

- **Division horizontale du travail :** Le travail des salariés doit être défini précisément et simplement et donc le travail doit être diviser en tache élémentaire : spécialisation des salariés dans leur travail. SMITH le montre en premier en disant qu'il faut se spécialiser pour augmenter sa production, TAYLOR (1856-1915) reprend ce principe.
- **Division verticale du travail :** on a une division au sein de l'entreprise les cols bleus et les cols blanc (ceux qui pensent le travail et ceux qui le font). On dépossède les travailleurs de leur pensée. Les ingénieurs descendent dans l'usine note comment font les salariés et ils remontent dans les bureaux vont reconstituer une bonne méthode de travail. Cela permet de standardiser le travail et on va chronométrer le salarié pour voir sa productivité horaire donc c'est une réflexion scientifique.
- **Salaire a la pièce :** la seule motivation pour le salarié c'est le salaire. Donc il faut les inciter à produire plus pour gagner plus.

B) Les conséquences

Pour TAYLOR, les ouvriers sont naturellement paresseux, du coup il faut les contraindre à travailler par une supervision directe donc, mise en place d'une hiérarchie. La conséquence de L'OST est directement liée à cette paresse, manque de motivation :

⇨ Rotation des salarié (l'employé cherche mieux ailleurs).
⇨ Accident du travail élevé.
⇨ Absentéisme élevé.
⇨ Climat de conflits et du coup naissance de grèves.
⇨ Manque de concentration.

L'image traditionnelle de l'OST est l'usine et le travail à la chaîne. Aujourd'hui, elle existe toujours mais aussi dans le secteur tertiaire, par exemple la restauration rapide.

Henri FORD (1863-1947) continue sur la lancé de TAYLOR. Il instaure le « Five dollars a day » et le convoyeur (système mécanique qui évite les salariés de se déplacer).
Le 5 dollar a day est le principe de verser 2 fois plus de salaire que les autres usines. Du coup, les salariés pourront consommer plus, donc plus de chiffres d'affaires pour l'entreprise car les salariés pourront acheter des voitures.

II) L'organisation administrative du travail (OAT)

A) Les principes de l'OAT

Henri FAYOL (1841-1925) est le premier à s'intéresser à l'organisation administrative des organisations. Ce sont les mêmes principes que L'OST mais FAYOL contrairement à TAYLOR a une vision plus générale aux organisations, il s'intéresse plus à l'administration, et pas seulement la production. Pour lui, il existe encore qu'une seule et bonne façon de faire.

5 principes de base :

⇨ Prévoir : anticiper les problèmes à venir, savoir anticiper les solutions possibles, c'est le travail du cadre.

⇨ Organiser : doter à l'entreprise tout ce qui est utile à son fonctionnement au niveau social et humain.

⇨ Commenter : L'autorité est ce qui va permettre de faire fonctionner l'organisation (hiérarchie).

⇨ Coordonné : consiste à unifier tous les actes des salariés (les individus doivent aller dans le même sens).

⇨ Contrôler : Permet d'être conforme à ce qu'on avait prévu au début (contrôle de gestion).

III) Les types d'autorité / d'organisation selon Weber.

A) L'autorité / l'organisation charismatique.

Cette autorité est fondée sur les qualités personnelles du dirigeant de l'entreprise. Ces personnes ont du charisme donc, elles sont capables d'entrainer l'ensemble de l'organisation, comme Steve Jobs ou encore Richard Branson (virgin : il décide de créer sa compagnie aérienne, téléphonie et aujourd'hui du tourisme de l'espace).
Ce sont des personnages tellement charismatiques qu'ils peuvent faire ce qu'ils veulent.

B) L'autorité traditionnelle.

Elle repose sur le passé, sur l'usage et sur l'histoire de l'organisation. Typiquement, ce qu'on retrouve dans les entreprises familiales. « On a toujours fait comme ça et on fera toujours comme ça ».

C) L'autorité rationnelle ou bureaucratique

Repose sur règles strictes le plus souvent sur des grandes administrations, il faut donc les respecter sinon on passe à la trappe.
Pour entrer dans l'entreprise on passe un concours pour prendre les meilleures personnes qui sont sélectionnées en fonction du poste. Par exemple dans l'administration.

IV) Les limites de l'Ecole classique.

C'est le premier courant de pensée qui permet de comprendre le fonctionnement des organisations.
Il y a trois limites :

⇨ Aspect normatif : il s'agit d'un certain nombre de principes qui doit conduire à un modèle d'organisation idéal permettant de produire le maximum.

⇨ Négation de l'homme au travail : on ne prend pas en compte l'individu. Il est remplaçable par un autre homme donc il est considéré comme « force de travail » et pas « être ». On peut le jeter du jour au lendemain.

⇨ La non prise en compte des relations entre l'organisation et son environnement : logique vu qu'il n'y a qu'une bonne façon de faire du coup s'applique à n'importe qui.

Section 2 : L'Ecole des relations humaines

I) L'Ecole Interactionniste.

A) MAYO et l'expérience de d'Hawthorne

1) L'expérience officielle.

Elton Mayo (1880-1949) et son équipe de chercheur se sont fait engager par une compagnie (Western Electric Compagny) qui est dans la fabrication de téléphone portables par des femmes. On cherche à savoir, pourquoi il y a un fort taux d'absentéisme alors que les conditions de travail sont bonnes. Cette étude repose sur des mesures qualitatives et quantitatives.

Etude divisée en plusieurs sections :

- La monotonie au travail.
- La fatigue.
- L'effet de l'éclairage sur la productivité.

D'un point de vue méthodologique, Mayo va faire deux groupes de travailleurs : un groupe témoin (on ne varie pas l'éclairage) et un groupe expérimental (varier l'intensité de l'éclairage).

Les résultats d'étude sont surprenants car, on constate que la productivité augmente. Si on revient à un éclairage normal pour le groupe expérimental là aussi la productivité augmente.

2) Les résultats et les limites de l'Expérience.

L'effet Hawthorne :

- Les individus réagissent positivement lorsqu'on s'occupe d'eux.
- il existe une dynamique de groupe, on se rend compte qu'il y a une structure informelle (relation entre les individus par prévu par l'organigramme)

L'expérience à un certain nombre de limites :

- Le fait déjà qu'on donne à MAYO les résultats de l'expérience. Il est arrivé dans le cours de l'étude. Les différents groupes connaissaient déjà les attentes des chercheurs.
- Les ouvrières de certains groupes ont été changé (certaine malade certaine démissionnées) Une seule a participé entièrement à l'étude.
- Les résultats ont été publié 10 ans après le début de l'étude. Il y a eu une perte de l'information.
- La validité des résultats n'est pas top. Des échantillons n'étaient pas assez nombreux pour généraliser l'étude.
- Quand on regarde le résultat des entretiens on regarde que leur première motivation était la rémunération.

B) MASLOW et la théorie des Besoins

Il s'interroge sur la motivation des individus au travail. La motivation au travail pour lui est lié à des besoins que les individus veulent satisfaire.

Pour MASLOW dès qu'un besoin est satisfait on cherche toujours un satisfaire un autre. Parce que, l'homme est rationnel et cherche toujours à avoir plus.

II) Conclusion sur l'école des Relations Humaines.

A) L'existence d'une structure informelle.

On constate qu'il faut une bonne organisation de la structure pour que la production se face mieux. Vu qu'il y a une bonne organisation l'information circule mieux.

B) L'importance de l'humanisation.

L'école des relations humaine montre que l'humanisme au sein de l'entreprise est une donnée très importante. Une organisation est représentée par des individus et ce sont ces individus qui font cette organisation. La confiance, la participation sont des éléments important qui ont été oubliés par l'école classique. L'école des relations humaines veut remettre ça au gout du jour pour améliorer la production.

Section 3 : L'école Behavioriste/comportementaliste.

I) La remise en cause de la rationalité parfaite : la Rationalité limitées ou procédurales.

A) Une limite cognitive.

Les acteurs n'ont pas l'intelligence pour traiter toutes les informations. L'acteur a une capacité limitée dans la façon de collecter l'information, dans le stockage et dans le traitement des informations.

B) Une information incomplète.

On ne peut pas avoir accès à l'ensemble des informations du coup, ce sont des informations partielles.

C) Pas de solution optimale mais une solution satisfaisante.

On ne peut pas choisir la solution optimale du coup les acteurs recherchent une solution satisfaisante appelée le Satisfacing Ce n'est pas la meilleure solution mais c'est celle la plus adéquat et la plus adapté au problème.

II) L'organisation vue comme une coalition d'acteurs.

James MARCH (1928) s'intéresse aux décisions dans l'organisation et non aux décisions.
Les décisions qui vont être prise par différentes coalition vont peut-être être différentes selon les groupes.
Exemple : Le dirigeant de l'entreprise va avoir comme but de développer son entreprise du coup cela demande des investissements mais ça ne sera pas reversé aux actionnaires qui eux veulent la rentabilité de l'entreprise et non la croissance de l'entreprise.

Pour MARCH, il faut avoir recours au « Slack organisationnel ». Le manque d'optimalité dans les décisions laisse des marges de progrès possibles, un "slack" (un jeu, en génie mécanique), nécessaire aux organisations pour absorber les aléas de leur environnement. C'est un surcroit de ressources que l'organisation va utiliser pour résoudre ces conflits. Se servir des réserves pour satisfaire tout le monde (une année donnée plus actionnaires pour qu'ils soient content et l'autre l'utiliser pour l'investissement).

Section 4 : Ecole des contingences.

I) La contingence technique : Joan Woodward (1916-1971)

Elle mène une étude sur plus de 100 entreprises pour étudier les relations entre individus et groupes d'individus dans le cadre du travail. Son analyse révèle les liens qui existe entre la technologie et la structure de l'entreprise. L'entreprise n'a pas le choix, elle doit adopter une structure conforme à la technologie qu'elle utilise.
Son étude montre que c'est la technologie qui détermine la structure organisationnelle. Donc, la clé de la compétitivité réside dans la capacité à utiliser ces technologies.

II) Le modèle de la dépendance des ressources

L'objet de la recherche de Jeffrey PFEFFER (1946) et Gerald SALANCIK (1943-1996) est que le savoir peut s'adapter à son environnement, mais là on dit que l'organisation à une capacité de négociation avec l'environnement.

Cela implique la conception de l'entreprise plus générale. **L'environnement pour eux, est donc constitué d'individus ou de groupes d'individus qui peuvent affecter directement ou indirectement l'avenir d'une organisation**. Les coalisions d'acteurs se font à l'intérieur de l'organisation mais aussi avec des acteurs externes.

Section 6 : Les approche contractuelles

I) Les coûts de Transaction d'Oliver Williamson (1932)

Pour lui chaque transaction est liée à trois éléments :

- L'élaboration de la transaction (rechercher le contractant avec qui on va travailler, élaborer le contrat.
- Lié au suivit et à l'exécution du contrat.
- Lié au contrôle du contrat pour savoir s'il s'applique bien.

Il y a deux éléments :

- Les individus ont la capacité à rechercher et à traiter beaucoup d'information car ils sont rationnels.
- Les individus sont opportunistes : on va essayer de tirer profit contre le contractant.

L'objet du fait de la transaction peut être spécifique (rare ou en abondance) on parle d'actif spécifique.

Le point de départ de Williamson est de postuler **que toute transaction économique engendre des coûts préalables à leur réalisation** : coûts liés à la recherche d'informations, aux "défaillances" du marché, à la prévention des (hypothétiques) comportements opportunistes des autres agents…
Ainsi, certaines transactions se déroulant sur le marché peuvent engendrer des coûts de transaction très importants. Dès lors, les agents économiques peuvent être amenés à rechercher des arrangements institutionnels alternatifs permettant de minimiser ces coûts. À l'opposé du marché, Williamson distingue la "hiérarchie" qui correspond en fait à l'entreprise. Entre le marché et l'entreprise, de nombreuses formes "hybrides" peuvent être identifiées (sous-traitance, concession, réseau etc.…).
Exemple de forme hybride : on a des formes juridiques, ce sont des formes organisationnelles entre spécifique et non spécifique exemple des Franchisés.

II) Le droit de propriété et la théorie d'agence.

A) La théorie du Droit de propriété.

Le point de départ de cette théorie est de considéré que tous les échanges peuvent être analyser comme un échange de droit de propriété.

On a une notion du droit de Propriété beaucoup plus large que dans l'approche juridique. L'objectif d'Armen Alchian (1914-2013) et de Harold Demsetz (1930) est de construire une théorie générale des relations sociales et des institutions.
La relation entre fournisseur-client est la même que celle de salarié-patron.

B) La théorie d'agence

Relation d'agence : On parle de relation d'agence lorsqu'une acteur (le principal) délègue toutes parties de son pouvoir de décision sur un autre acteur (agent).

On a une relation d'agence lorsqu'on demande à un salarié de faire quelque chose.
Cette relation d'agence va entrainer néanmoins un certain nombre de cout.

- L'existence d'une information imparfaite. Dans une relation d'agence, il y aura toujours une des parties qui en saura plus que l'autre. Il détient une information que je n'ai pas, c'est l'**Asymétrie d'information.** Mais parfois la partie qui en sait le plus peut abuser de ces connaissances.
- Une des 2 parties va ignorer l'effort que l'une des parties va faire pour réaliser la chose demandée. On parle d'un **problème d'aléa moral**. On ne connaît pas l'effort que l'individu va faire. Du coup on a quelqu'un qui va profiter de la situation.

2 façons de réduire ces couts :
- Mise en place d'un système de contrôle. Un chef qui va contrôler la personne qui fait la tache demandée. Le problème c'est que le chef peut avoir également un comportement opportuniste, donc il faut un chef qui contrôle le chef.
- Il faut mettre en place un contrat qui soit incitatif pour que les salariés fassent bien ce qu'on leur demande. Mettre dans le contrat de travail une partie fixe et une partie variable qui sera déterminé par le travail fourni.

La théorie d'agence met en avant toutes les relations.

Cette organisation doit être capable d'utiliser et d'appliquer cette structure pour réduire les coûts d'agence pour qu'elle soit efficace.

Chapitre 2 : La structure des organisations

Section 1 : Les principales structures des organisations

I) Les Principes de la Structuration

La structure d'une organisation est l'ensemble des moyens utilisés pour diviser le travail et assurer la coordination des tâches. C'est donc l'organigramme d'une organisation. C'est un schéma qui permet de savoir comment fonctionnent les organisations et leurs spécialités.

Pour qu'une organisation se structure, la structuration soit répondue à trois principes :
- La spécialisation : on considère que plus une entreprise est spécialisée, plus elle est efficace.
- La coordination : Tout ce qui va être lié à l'ensemble. Exemple : la hiérarchie, les relations informelles qu'il y a entre les individus.
- Formalisation du mode de Coordination : Est-ce que je vais devoir suivre des procédures ou ne pas suivre des procédures.

II) Les principales structures

A) La Structure fonctionnelle

C'est un regroupement des services. C'est donc une structure qui favorise la spécialisation du Travail, division du travail. C'est la forme la plus ancienne qu'on trouve au niveau des organisations. C'est la structure principale que vont adopter toute les petites et moyennes entreprises.

2 avantages :
- La clarté de l'organisation : Le schéma est clair on sait qui fait quoi au niveau de l'entreprise.
- Traduit la spécialisation : spécialisation du travail.

2 inconvénients :
- Forte centralisation : tout va passer par des chefs de sévices qui vont passer par le chef.
- Le cloisonnement des services les uns par rapports aux autres. Il n'y aura pas de contact entre les services.

Quand une organisation se créer on est confronté à un problème qui est celui que le chef d'entreprise va vouloir s'occuper de tout.

- Limite cognitive : limité à certaines connaissances. Une personne peut être un ingénieur il connait plein de critères sur les produits mais, il ne sait pas gérer une entreprise. Cette personne est confrontée au principe de délégation : donner des responsabilités à une autre personne.
- Limite physique : une personne qui va vouloir s'occuper de tout ne va pas compter ses heures. Au bout d'un moment ce n'est pas tenable.

B) La structure divisionnelle

Une organisation veut se développer et agrandir son activité donc il faut changer l'organisation.

Comment on regroupe les activités ? il y a 3 sortes de regroupements :

- Produit : diversifier la production
- Marché de client : Exemple la cosmétique : on va vendre la production à des professionnels et à des particuliers
- Zone géographique : On ne peut pas vendre la même cosmétique n'est pas pareil en Europe qu'en Asie.

1er avantage :

- Différentes divisions autonomes : décentralisation
- Coordonner l'organisation autour de ses activités.

Inconvénient :

- Dispersion des ressources, démultiplication des ressources
- Cloisonnement des activités.

C) Structure matérielle/Projet.

On ne parle plus de division mais de projet. Dans ce type de structure on préserve le potentielle commun (les différentes fonctions = **axe métier**) et on préserve la spécialisation de l'organisation (**axe projet**). Ce type de structure est efficace dans les productions de produits de vie très courte.

Avantage :

- Décloisonnement des fonctions d'entreprise on peut parler de **transversalité**. L'ensemble des salariés sont amenés à travailler ensemble.

Inconvénients :

- Remise en cause de l'unité de commandement de Fayol. Les personnes sont sous l'autorité du chef de service et du chef de projet donc cela pose problème. Normalement c'est le chef de projet qui l'emporte.
- Structure extrêmement lourde à gérer avec un certain nombre de disfonctionnements.

III) La synthèse de Mintzberg.

A) Les critères de Différenciation.

1) Les mécanismes de coordination

5 mécanismes de coordination. Dans chaque type d'organisations il y aura forcément un de ces mécanismes :

- L'ajustement mutuel : c'est un mode de coordination informel entre les individus. Chaque individu sait ce qu'il doit faire. L'information circule entre les individus ce qui permet de régler les problèmes par des discussions entre les individus.
- La supervision directe : ça consiste à mettre un chef. Une personne va être responsable du travail des autres. Il n'y a plus de discussions on cherche juste à savoir si le travail a été fait et bien fait.
- La standardisation par les procédés : On va élaborer des règles, des procédures qui portent sur le contenu du travail. On va expliquer comment fonctionnent les choses. C'est le travail décomposé et on doit suivre la règle pour suivre le travail en question.
- Standardisation des résultats : Ce sont des règles qui concernent les résultats à atteindre, la performance. Peu importe les moyens de production on veut le résultat. Pour un certain nombre d'entreprise on va motiver le salarié à partir des résultats demandés.
- Standardisation par les compétences / la qualification : Dans certains cas, on ne peut se baser que sur la qualification d'un enseignant.

Généralement quand une organisation se créer elle est simple, c'est seulement dans le temps qu'elle se complexifie.
Dans une organisation complexe on combine ces mécanismes. A des degrés divers et il y a une forme qui veut l'emporter sur les autres.

2) Les différentes parties d'une organisation

Milieu :
Sommet hiérarchique : Ce sont les personnes qui ont les responsabilités les plus large (directeur, chef d'entreprise, cadre dirigeant) Il définit les grandes lignes de l'orientation future de l'organisation et l'élaboration d'une stratégie. On contrôle également les résultats pour voir s'ils sont conforment aux attentes.
Ligne hiérarchique : personnel qui fait la liaison entre le contrôle opérationnel et le sommet hiérarchique (cadre, chef de service) ils sont chargés de l'organisation. Ils vont avoir un budget, des ressources, qu'ils vont appliquer comme ils veulent. C'est eux qui s'occupent de gérer
Contrôle opérationnel : ce sont tous les opérateurs qui sont amenés à travailler et qui est lié à la production.

Gauche :
Technostructure : ce sont les individus qui assurent le bon fonctionnement de l'organisation grâce à deux choses :

- L'élaboration de système de gestion
- Analyse

Ce sont des comptables, ingénieurs, GRH…

Droite :
Les fonctions de support logistique : Ce sont les parties de l'organisation qui ne participent pas directement la production du bien ou du service, mais qui fournissent un support (aide indirecte) à la production.
Exemple : le service de restauration dans une entreprise.

Toutes les organisations sont composées de ces 3 éléments mais l'un va emporter sur les autres.

3) **Les facteurs de contingence.**

1) **L'âge.**

Plus l'entreprise est vielle plus elle est formalisée. Dans une jeune organisation, on est pas obligé d'être formalisé il faut que l'information passe pour le bon développement de l'entreprise

2) **La taille**

Plus une entreprise va être grande en termes d'effectif plus les taches sont spécialisées.

3) **La technologie**

Quand une organisation utilise une technologie pointue, on constate une structure administrative est le développement, car la technologie nécessite de la maintenance, de l'entretien, de la formation, par conséquent, il faut donc une réelle logistique
Quand une organisation utilise de la technologie pointue cela réduit la capacité de l'opérateur, réduit sa marge de manœuvre. La technologie encadre le travail.

4) **L'environnement**

- **Stable / instable :** quand l'environnement est stable cela veut dire qu'on peut prévoir les faits qui vont arriver, l'organisation tend à se bureaucratiser, se hiérarchiser et inversement dans un environnement instable l'organisation est plus flexible. Car quand on a un environnement instable il faut s'avoir s'adapter régulièrement et rapidement.
- **Simple / Complexe :** Ce sont les interactions avec l'environnement plus il est simple plus c'est facile de « travailler » avec cet environnement. Par exemple, l'environnement technologique pour un boulanger ne va pas changer, pour lui, la variable qu'il faut prendre en compte c'est la tendance économique. Il faut savoir que certains facteurs marchent ensemble par exemple, sur les compagnies aériennes ça dépend de la tendance économique, du composant technologique : c'est donc un environnement complexe.
- **Plus ou moins concurrentiel :** S'il n'y a pas beaucoup d'entreprises de notre genre sur le marché environnement peu concurrentiel.

4) **Les configurations structurelles de Mintzberg**

LES 7 CONFIGURATIONS DERIVEES DE MINTZBERG

	1- L'organisation entrepreneuriale L'entreprise est de petite taille. L'entrepreneur (sommet stratégique) y joue un rôle privilégié. La structure est simple et informelle ce qui lui offre une bonne capacité d'adaptation. Elle est en revanche financièrement fragile. Exemple : PME-PMI.
	2- L'organisation mécaniste Elle est efficace dans un environnement simple et stable. Elle se caractérise par une grande taille où le travail est rationalisé et exécuté selon des procédures standardisées. Ces procédures sont élaborées par des experts et spécialistes. C'est pourquoi les fonctions de support et la technostructure y ont une place prépondérante. Son fonctionnement est efficace, précis mais ce type d'organisation évolue

	difficilement ou par des changements brutaux. Exemple : entreprise de production de masse, administrations publiques.
	3- L'organisation divisionnalisée L'entreprise atteint une grande taille qui l'amène sur plusieurs marchés. Elle peut diviser sa structure en fonction des marchés afin de réaliser des économies d'échelle. Les divisions peuvent se faire selon un produit, une gamme de produit, un pays… Chaque division dispose d'une certaine autonomie et se compose d'une mini structure classique. Mais chaque division reste chapeautée par une direction générale qui fixe les objectifs stratégiques. Les fonctions de support sont essentielles car elles assurent la coordination entre les divisions. Ex : une entreprise multinationale. Nestlé.
	4- L'organisation professionnelle L'environnement est stable mais complexe. L'organisation est décentralisée. Elle laisse un maximum d'autonomie aux salariés. Le sommet stratégique se contente de donner des grandes lignes d'action. Pour assurer la coordination entre les membres de la base opérationnelle, la fonction support est très développée. Exemple : les entreprises de service
	5- L'organisation innovatrice L'environnement est complexe et dynamique. C'est une structure adaptée à un environnement qui change. Elle met en avant l'innovation par un échange d'information horizontale entre les experts de la technostructure et la fonction support. L'autonomie est forte et est justifiée par la qualification élevée des membres. La base opérationnelle est inexistante : il n'y pas « d'exécutants ». Exemple : université, laboratoire de recherche.
	6- L'organisation missionnaire La structure est très informelle et son fonctionnement repose sur des croyances, une culture, une idéologie communes. Mintzberg n'a pas observé d'entreprise fonctionnant de la sorte. Le rôle des valeurs ne peut être qu'une teinte applicable à toutes les autres formes d'organisation. Exemple : un monastère.
	7- L'organisation politisée Il n'y a pas de hiérarchie spécifique. Chacun tente d'imposer son point de vue en usant du pouvoir dont il dispose. Tantôt, les membres de l'organisation s'opposent, tantôt ils coexistent. Les décisions prises sont les résultats de ces jeux politiques. Exemple : l'assemblée nationale.

Chapitre 3 : La stratégie des Organisations.

I) Définition : Qu'est-ce que la stratégie

La stratégie consiste à déterminer les objectifs et les buts fondamentaux à long terme d'une organisation puis à choisir les modes d'action et d'allocation des ressources qui permettrons d'atteindre ces buts et ces objectifs.

Les buts et les objectifs sont très variés. Ils peuvent être liés à l'ordre économique, mais ils peuvent également être d'ordre socio-sociétaux. On peut avoir des organismes dont le but est de créer des emplois. Les stratégies ne concernent pas que les entreprises.
La stratégie ne veut pas seulement maximiser des profits, c'est souvent une question de rapport de force entre les différents acteurs, c'est une sorte de compromis.

Quand on mène une stratégie on doit choisir quelles ressources on va privilégier. La stratégie recoupe ce qui est interne avec le fonctionnement de l'organisation mais aussi de l'environnement.

II) Les principales stratégies

A) Les stratégies internes

- Spécialisation : se concentrer sur une production particulière mais risque si ce marché se casse la gueule.
- Diversification : couvrir plusieurs domaine (plusieurs produits produit) mais risque de dispersion.
- Différenciation : se démarquer par rapport à la concurrence en offrant aux consommateurs des produits différents.
- Domination par les coûts : être le moins cher possible soit en bénéficiant d'économies d'échelles soit en innovant.
- Croissance interne : grandir par elle-même (acheter des terrains, créer des filiales) Il faut avoir une taille conséquente pour avoir une influence sur le marché.

B) Les stratégies externes

- Croissance externe : agrandir son entreprise en intégrant des entreprises ou organisation existantes.
- Internationalisation : se développe à l'internationale pour être au plus près des client (adapter ses produits).
- Impartition : consiste à entretenir des relations particulières avec des partenaires.
- Stratégie de coopération / de réseau : les entreprises sont amenées à travailler ensemble, des entreprises s'associent pour innover ensemble, par exemple : airbus.

Institutions Politiques et Administratives

La notion d'Etat :

L'Etat, phénomène naturel

Ces doctrines considèrent la formation des Etats comme le résultat d'un **processus naturel**, souvent **violent**, mais quelques fois pacifique.
Selon ces théoriciens, au cours des âges, une organisation permanente de la société se met en place sous le **contrôle soit d'un homme**, soit sous le **contrôle de plusieurs hommes (oligarchie**).

Pourquoi ? Pour **assurer l'ordre**, et pour **administrer la population**. D'après ces théoriciens, la construction de l'Etat est une œuvre lente et fragile, car il peut y avoir des retours en arrière. Parmi les penseurs qui incarnent cette théorie, les **marxistes** : Marx, Engel.

L'Etat, phénomène volontaire

Pour les marxistes, l'Etat naît directement des **antagonismes économiques et sociaux**. Ils le considèrent au 19e siècle comme un **organe d'oppression** d'une classe sociale sur l'autre. C'est l'instrument d'oppression du peuple travailleur et exploité par une minorité privilégiée, la bourgeoisie.
Dans cette théorie de l'Etat phénomène naturel, l'Etat résulte d'un **fait fondateur**, d'une succession d'étapes, mais il **ne résulte pas d'un engagement juridique**.
L'Etat **est voulu**, il est **réalisé consciemment**. Les tenants de cette doctrine : les **volontaristes.**

Hobbes (1588-1679) est l'auteur d'un ouvrage de référence, le *Léviathan.* Il explique qu'à l'origine les hommes vivaient dans une société totalement **désorganisée**, qu'il appelle **Etat de nature**. Le **droit du plus fort** y régnait.
Il avait une **vision très pessimiste** de l'Etat de nature : selon lui, « l'homme est mauvais. L'homme est un loup pour l'homme. Le fond de la nature humaine, c'est l'égoïsme et non le besoin altruiste de la vie en commun. Les hommes ont un même penchant pour se nuire, et sont réciproquement les uns pour les autres une source de danger ».
L'Etat de nature se caractérise par un **état de guerre permanent**. Chacun se fait **justice lui-même.**
Hobbes fait des propositions pour sortir de cet Etat de nature : il faut confier le pouvoir à une **autorité puissante** qui va être en mesure de régler les problèmes.
Il faut un **contrat entre les hommes** : ils vont **abandonner leur liberté** qu'ils tenaient de l'Etat de nature. Ils vont remettre leur intérêt à cette autorité puissante qu'Hobbes appelle **le prince**.

John Locke (1638-1704) a également écrit un ouvrage de référence : *Essai sur le gouvernement civil.*
Il ne partage pas du tout la **vision pessimiste** d'Hobbes. Il estime que l'Homme est un **être raisonnable** qui aspire à un mieux-être. Il préconise comme Hobbes la **technique du contrat** : mais le **contenu du contrat est totalement différent**.
Locke estime que par le contrat, les Hommes vont confier le pouvoir à l'Etat dont la mission est d'assurer **le respect et l'épanouissement des droits inaliénables des citoyens**.
Mais pour lui, en confiant le pouvoir à l'Etat, les Hommes **n'abandonnent pas leur liberté** : l'Etat n'aliène pas leurs droits, le contrat n'est pas un acte d'aliénation.

Jean-Jacques Rousseau (1712-1778). Pour Rousseau, l'Etat de nature est un Etat **bienheureux** : « Je vois l'Homme se rassasiant sous un chêne, se désaltérant dans un ruisseau,

trouvant son lit sous le même arbre qui lui a fourni le repas. L'homme naît bon, c'est la société qui le corrompt ».
Ouvrage de référence : *Le contrat social*
Il veut que l'Homme **sorte de l'Etat de nature** pour qu'il vive encore plus heureux. Il emploie le terme de « **pacte** » : les Hommes se sont résolus à **conclure chacun avec les tous les autres** un pacte. Dans ce pacte, les Hommes **s'engagent** à se conformer à la **volonté générale**. Cette volonté générale s'exprime dans la **loi**.

Les éléments constitutifs de l'Etat :

- L'un des éléments clés est le fait que l'Etat soit une **personne juridique** (ou une personne **morale**).

En effet, l'Etat est bien aujourd'hui une personne morale qui se **différencie** des personnes physiques que sont les gouvernants et les gouvernés. C'est une notion-clé du droit. En effet, à partir du moment ou une institution se voit reconnaître la personnalité juridique ou morale, cela veut dire qu'elle **acquiert une vie propre** (acquiert une certaine autonomie, peut acquérir un patrimoine, a un budget, peut **acquérir et vendre** des biens ainsi qu'**ester** (plaider, introduire un recours en justice). Aujourd'hui, l'Etat a un patrimoine, des biens, un budget, et peut ester en justice. Il peut le faire par **l'intermédiaire** de personnes physiques.

- Deuxième élément qui caractérise l'Etat : le **pouvoir souverain**.

Cela signifie que l'Etat a une **autorité suprême**. Sa volonté **prédomine** donc sur toutes les volontés des individus : c'est la « **summa po testa** ». Seul l'Etat a le pouvoir de **fixer les règles de droit**. Et lui seul a le **pouvoir de punir** ceux qui ne respectent pas les règles de droit.

Il existe **plusieurs formes d'Etat :**

- La forme de l'Etat la plus fréquente : **l'Etat unitaire**.

Un Etat unitaire est un Etat qui ne possède qu'u**n seul centre d'impulsion politique et gouvernemental.** Les citoyens de cet Etat sont soumis aux **mêmes lois**, au **même régime constitutionnel**. Quand un Etat dépasse une certaine superficie, lorsque l'Etat atteint un certain degré de développement et de complexité, il est **difficile de l'administrer par le centre.**
Une bonne administration passe par une certaine **proximité** avec les citoyens. Progressivement, les Etats unitaires ont été conduits à effectuer certains aménagements :

  - **La confédération**

La confédération se présente comme une **association d'Etats** qui demeurent **souverains** mais ces Etats **délèguent l'exercice de certaines compétences internationales** (diplomatie, défense) à un organe commun, une institution confédérale appelée Diète.
La confédération ne constitue pas un Etat. Elle prend naissance dans **un traité**, et la caractéristique juridique d'un traité c'est un **acte de droit international**.
Les décisions de l'organe commun, la diète, doivent être prises à l'**unanimité**. Chaque Etat dispose donc d'un **droit de veto**.
Chaque Etat conserve un **droit de sécession**.

  - **L'Etat fédéral**

Un Etat fédéral est une union d'Etats qui **cèdent une partie de leur souveraineté**, créant au-dessus d'eux une nouvelle collectivité Etatique appelé « **super-Etat** », reconnu comme un Etat du point de vue international. Exemple aux USA : 50 Etats qui ne le sont pas vraiment, ce sont des **entités étatiques**.

Il y a **superposition** de l'ordre juridique des Etats fédérés et au-dessus l'ordre juridique de l'Etat fédéral qui englobe l'ensemble des Etats fédérés. Le citoyen Américain doit **obéir à la loi fédérale**.
Chaque Etat fédéré doit participer à l'élaboration de la loi de l'Etat fédéral.
Le **principe d'autonomie** : chaque Etat (ou entité fédérée) est autonome, c'est-à-dire que son domaine va être défini plus ou moins restrictivement par ce qu'on appelle la **constitution de l'Etat fédéral**. Les compétences des Etats sont définies par la constitution fédérale.
Exemple des USA : si on examine la constitution américaine, elle énumère les **compétences de l'Etat fédéral** (on parle de **compétences d'attribution**) : diplomatie, la défense, la monnaie…

La notion de Constitution :
Définition : La constitution est le moyen d'organisation de l'Etat, c'est le **statut de l'Etat**. C'est une définition qui doit être complétée par la distinction entre constitution au **sens matériel** et au **sens formel** :

- Constitution dans le sens matériel : c'est l'ensemble des règles **relatives à l'attribution et à l'exercice du pouvoir politique.**
- Constitution dans le sens formel : ce sont des règles qui sont regroupées dans un **document appelé « la constitution »**. Elles ont une **valeur supérieure** à toutes les autres normes juridiques. Ces règles ne peuvent être modifiées que par une procédure particulière : la **procédure de révision de la constitution**.

Les constitutions coutumières
La constitution coutumière rassemble des **principes d'organisation politiques** mais ces principes **résultent d'usages, de traditions**, … Ce sont des pratiques **non-écrites**.
La Grande-Bretagne connaît une constitution coutumière mais possède quelques textes écrits. Ce sont des textes très anciens, toujours aujourd'hui à la **base du système politique** Britannique, telle que la pétition des droits de 1628, l'acte d'Habeas Corpus de 1679, the Bill of Right en 1689.

La coutume se caractérise par la souplesse. En effet, aucune procédure n'est déterminée pour modifier une coutume, car des usages disparaissent, d'autres se créent, etc…
On explique que **deux éléments fondamentaux doivent être réunis** pour parler de coutume :

- Un **élément matériel** : répétition d'actes identiques pendant une certaine durée.
- Un **élément psychologique** : la force juridique de la coutume tient à ce que les organes constitutionnels la considèrent comme le droit. Ce **sentiment d'obligation** est ce qui donne sa **légitimité** à la coutume.

La constitution écrite
C'est la forme de constitution la plus **répandue** dans le monde. Les premières constitutions écrites ont été élaborées à partir de 1776 (Constitution de la Virginie), puis la constitution fédérale de Philadelphie de 1787 (constitution des USA).
En Europe, les premières constitutions écrites sont celles de la **France et de la Pologne** en 1791.
La constitution **écrite** a un **avantage** certain : elle est **claire et précise.**
Est-ce que l'existence d'une constitution écrite exclue une règle coutumière ? Non, elles peuvent **coexister** avec les règles écrites.

Même les constitutions écrites les plus détaillées ne peuvent **pas tout prévoir**, et la coutume permet donc de **compléter les lacunes** de la constitution écrite. On dit alors que la coutume est **supplétive.**

Exemple : Dans la 3e République (1875-1940), le titre et la fonction de Président du Conseil (équivalent du 1er ministre aujourd'hui) ne figuraient pas dans la constitution. C'est donc l'incarnation d'une règle coutumière venue combler une lacune.
La règle coutumière peut également **interpréter des dispositions du texte constitutionnel écrit**. Dans la constitution, certains termes sont **obscurs, ambigus**.

Le contenu des constitutions
Les constitutions contiennent les règles relatives à **l'exercice du pouvoir politique** : on distingue traditionnellement **3 fonctions de l'Etat** :

- La fonction législative

Légiférer = élaborer, adopter les lois. La fonction législative consiste à **éditer des règles à caractère général et personnel** (les lois) auxquelles les citoyens doivent se soumettre.

- La fonction exécutive

Elle consiste à veiller à **l'application et au respect des lois** en précisant la portée des lois par des règlements.

- La fonction judiciaire

Elle consiste à **régler les litiges et les différents** pouvant survenir entre les particuliers sur la base de ces lois et règlements. Son rôle est donc de **dire le droit applicable** à ces situations et également **punir** tous ceux qui transgressent ces lois et règlements.

La constitution définit **les statuts** des titulaires de ces 3 fonctions. Elle définit aussi le **nom des organes** qui vont exercer ces fonctions (parlement qui exerce la fonction législative, etc…), le **mode d'élection** de ceux qui vont siéger dans ces organes. Elle définit aussi **les rapports entre ces organes**, et prévoit **les procédures d'élaboration de la loi.**

Certains textes sont placés en tête de certaines constitutions. En France, la 1ère déclaration passée en tête de la constitution écrite est la **DDHC** de 1789. En effet, comme les déclarations des droits, elle est le **reflet de la pensée libérale**, c'est-à-dire que cette déclaration affirme **l'autonomie de l'individu** par rapport à l'Etat.
Les libertés fondamentales :

- Liberté de l'aller et venir.
- L'inviolabilité du domicile.
- L'interdiction de la détention arbitraire.
- La liberté de penser.
- La liberté religieuse.
- La liberté de presse.
- La liberté d'entreprendre.
- Le droit de propriété.

La révision de la constitution
Elle est liée à **la rigidité ou la souplesse** de la constitution.
La constitution, écrite ou coutumière, est dite **souple** si elle peut être révisée selon **les formes et les procédures** de **la loi ordinaire**. Ici, la révision est très facile à obtenir : c'est le **parlement,** qui sans aucune formalité, va pouvoir **modifier la constitution par un vote**.

La plupart des constitutions sont **rigides** : ce sont les constitutions écrites ou coutumières qui ne peuvent être modifiées que par une **procédure particulière différente de la procédure utilisée dans la loi ordinaire.**
Il faut la convocation d'une **assemblée spéciale**, la nécessité d'une **majorité renforcée** (majorité des deux tiers, etc…) pour adopter la révision…
La rigidité de la constitution marque donc sa **supériorité sur la loi.** Cela veut dire que la loi devra être **conforme** à la constitution. La rigidité des lois constitutionnelles est une **garantie de stabilité juridique et politique.**
Une constitution trop rigide est lourde de danger : en cas de blocage des institutions, le seul moyen d'en sortir est le **coup d'Etat.**

La notion de régime politique

On appelle « **régimes politiques** » le mode d'organisation et de dévolution (délégation) du pouvoir politique au sein du gouvernement d'un Etat.

Le mode d'organisation du pouvoir politique détermine qui est **titulaire** de ce pouvoir et comment est **distribué** ce pouvoir. Un régime politique est toujours aménagé et garanti par une constitution.
Il n'existe pas un régime, mais des régimes politiques, donc il faut les classer. On prend en compte alors certains critères :

- Le critère **Ancien** :

Il est utilisé par la pensée Antique, notamment par Platon et Aristote.
Ils estimaient qu'il fallait savoir **qui gouvernait pour classer le régime** politique.
Selon eux, pour classer le régime, il suffit de compter les titulaires du pouvoir politique, c'est le **critère quantitatif**. S'il y a un seul titulaire, on parle de **monarchie**. S'il y a plusieurs dirigeants, c'est une **aristocratie**. Si le pouvoir revient à tous, c'est une **démocratie**. Le critère est **également qualitatif** : en effet, à chaque régime correspondent des vertus et des défauts :

- La monarchie : le dirigeant peut faire preuve de **sagesse** mais possède également un **fort orgueil**, et le risque est d'aboutir à une **tyrannie**.
- L'aristocratie se caractérise souvent par le **courage** de ses dirigeants mais aussi par leur **goût pour la richesse**, et le risque est d'aboutir à la **ploutocratie** (tendance forte à la recherche obsédée de l'argent).
- La démocratie recherche **l'égalité**, mais si **trop d'égalitarisme**, le risque est **l'anarchie**.

Cette classification va être remise en cause par la souveraineté de droit divin, il y a l'émergence d'un nouveau critère pendant le 18e siècle.

- Le critère de la **théorie de la séparation des pouvoirs**

C'est Montesquieu qui est à l'origine de ce concept de séparation des pouvoirs. La règle est simple : aucune autorité Etatique ne doit **cumuler l'exercice de deux fonctions Etatiques.**
Montesquieu a montré qu'il y a trois fonctions essentielles dans un Etat :

- La fonction législative : faire des lois pour un temps ou pour toujours et corriger la loi.
- La fonction exécutive (exécuter les lois, mais surtout gouverner),
- La fonction judiciaire (punir).

Ces fonctions ne doivent pas être concentrées dans les mains **d'un seul individu**.
Il poursuit : « ces trois fonctions doivent être **distribuées** ».
Quel est l'intérêt politique de cette règle ? Celui d'éviter le **despotisme**. Montesquieu va préciser comment le pouvoir doit être distribué :

La fonction législative, essentielle, va être **partagée entre plusieurs organes** qui vont se faire **contrepoids**.
En effet, Montesquieu estime qu'il doit y avoir une **interaction**, une **collaboration** entre les pouvoirs. Il y a une **interaction** entre les pouvoirs

Il y a **collaboration entre les pouvoirs**, interdépendance. En effet, pour Montesquieu, les organes politiques ne doivent pas être prisonniers de leurs fonctions, ils peuvent **participer à la fonction d'un autre organe**.

Les **régimes de confusion des pouvoirs** se caractérisent par une forte **concentration des pouvoirs**. L'un des trois pouvoirs domine les deux autres. Ces régimes remettent totalement en cause la théorie de Montesquieu, ce sont les régimes d'assemblées et les dictatures.
Dans les régimes d'Assemblées, l'exécutif n'est **pas un véritable pouvoir** : l'exécutant dépend entièrement de **l'assemblée qui décide tout**.

Dans les **régimes de dictatures**, il y a une **concentration des pouvoirs** au profit d'un **homme** ou d'un **parti politique**.

Les régimes de séparation des pouvoirs
Il en existe deux : le régime rigide de séparation des pouvoir (ou régime présidentiel) et régime souple de séparation des pouvoirs (ou régime parlementaire) :

- **Régime rigide, présidentiel :**

La 1ère caractéristique de ce régime est un **pouvoir exécutif fort et indépendant**. Le président et les ministres ne sont pas absolument pas responsables politiquement devant les Assemblées.
Le **pouvoir législatif est fort et indépendant** : les parlementaires détiennent l'intégralité du pouvoir législatif, le parlement est totalement indépendant, ne **peut pas être dissout**.
Dernière caractéristique : **l'exécutif et le législatif ne peuvent se révoquer**, c'est-à-dire qu'ils ne peuvent se remettre en cause mutuellement.

- **Le régime souple, ou parlementaire :**

Dans ce régime, le gouvernement est **politiquement responsable** devant le parlement : cela veut dire que s'il n'a plus la confiance de la majorité du parlement, il doit se retirer. La responsabilité du gouvernement peut être engagée de 2 façons :

- À **l'initiative du chef de gouvernement** : il pose une question de confiance sur un projet de loi. S'il n'est pas voté, il doit se retirer, c'est un **vote de défiance**.
- **La motion de censure** : elle est votée par le parlement, le gouvernement doit démissionner, il a été renversé.

L'exécutif dispose du **droit de dissolution** de l'Assemblée. C'est un moyen d'éviter sa **soumission au parlement**. Quand les députés sont menacés d'un retour devant leurs électeurs, ils hésitent à mettre trop souvent en jeu la responsabilité du gouvernement. Le **droit de dissolution** permet de recourir à l'arbitrage en cas de crise entre le gouvernement et le parlement. Les régimes parlementaires ont commencé à être dualistes, pour finir monistes.

La 5ème République
Une **menace de guerre civile** planait sur la France. Le 28 mai 1958, Pflimlin démissionne. Le 30 mai, De Gaulle est nommé président du conseil. Le 1er juin, le général est investi par l'assemblée et obtient le vote, le 3 juin 1958, d'une loi constitutionnelle qui confie au gouvernement le soin **d'établir un projet de constitution**.

Cette loi impose le **respect de 5 principes** :

- **Seul le suffrage universel est source de pouvoir.**
- **Séparation du pouvoir exécutif et législatif.**
- Le gouvernement doit être **responsable devant le parlement.**
- L'autorité judiciaire doit demeurer **indépendante** afin d'être à même de **respecter les libertés individuelles.**
- **Organisation constitutionnelle** des rapports entre la République Française et les Etats associés. Juridiquement, faible portée.

Le projet de constitution devra être **soumis pour avis** à un **comité consultatif constitutionnel**. Le projet doit être **arrêté par le conseil d'Etat**. Puis il devra être soumis au peuple par **référendum**, et enfin, **promulgué** par le président.

Dans le **discours de Bayeux** du 16 juin 1946, De Gaulle expose ce que devrait être selon lui les institutions de la Ve République.
Les solutions qu'il préconise :

- Les organes des 3 pouvoirs doivent être **équilibrés et séparés**
- Il dénonce le **jeu des partis politiques**, et estime qu'il faut un **arbitre national**

« Il faut donc qu'au-dessus des contingences politiques soit établi un arbitre national… ».

- De Gaulle se prononce pour un **parlement bicaméral**. Il veut que la seconde chambre qui représente les collectivités territoriales (Sénat) ait un **effet modérateur** vis-à-vis de l'Assemblée nationale. Elle doit compléter, amender les textes établis par les députés.
- De Gaulle souhaite que le **gouvernement soit responsable devant la représentation nationale** (les Assemblées). Le gouvernement doit avoir un arbitre au-dessus des partis. **L'arbitre national est le chef de l'Etat**.

Désormais, il est inscrit dans la constitution que le président est **élu au suffrage universel direct**.
Les conditions pour être éligible :

- Posséder la nationalité Française.
- Avoir plus de 23 ans.
- Être inscrit sur la liste des candidats dressée par le conseil constitutionnel.

Que prévoit la constitution concernant l'élection du chef de l'Etat ?

Elle indique que l'élection a lieu 20 jours au moins, 35 jours au plus, avant l'expiration du mandat du président en exercice.
L'élection du président de la République se fait au **suffrage universel direct**, au **scrutin majoritaire à deux tours**. Pour être élu au 1er tour, il faut obtenir la **majorité absolue** des suffrages exprimés, et au deuxième tour, la **majorité relative**.

Quel est le rôle du président intérimaire ?

Il doit assurer la **continuité de l'Etat**. Il exerce les **fonctions de chef de l'Etat**.
En revanche, ses pouvoirs sont plus **limités**. En effet, il ne peut recourir au référendum et ne peut pas dissoudre l'Assemblée Nationale. Il ne peut pas non plus réviser la constitution.
Pendant la période intérimaire, il ne peut pas non plus engager la responsabilité du gouvernement.

Le 1er intérim a lieu à la suite de la démission du général De Gaulle le 29 avril 1969. Le président intérimaire est Alain Poher, et assume donc l'intérim. Cependant, il avait appelé les Français a voter non à un référendum proposé par De Gaulle.
La 2e intérim, en 1974, fait suite au **décès** de Georges Pompidou. A nouveau, Alain Poher devient président intérimaire.

Qu'est-ce que la suppléance ?
Elle ne s'applique qu'aux **courtes absences** du président de la République. Elle permet au **1er ministre de présider le conseil des ministres**, mais il doit bénéficier d'une **délégation expresse.**

La responsabilité pénale du Président de la République

La décision de la cour de Cassation du 10 octobre 2001 a consacré **l'inviolabilité du chef de l'Etat durant la durée du mandat** pour les actes extérieurs à la fonction : en effet, les juges de la cour de cassation ont estimé que le président doit assurer la **continuité de l'Etat**.
Il ne peut donc durant son mandat être impliqué dans une **procédure pénale** (ne peut être ni témoin, ni témoin assisté, ni mis en examen, ni cité à comparaître), car ceci compromettrait l'exercice de sa **mission constitutionnelle**.
Les poursuites le concernant sont **suspendues** pendant la durée du mandat. Après son mandat, il redevient un **justiciable comme les autre**s.
Suite à l'affaire Chirac, il y a eu une révision constitutionnelle le 23 février 2007, qui a modifié l'article 67 et la version de l'article 68. En effet, il ressort que le président bénéficie d'une **protection complète durant la durée de son mandat** : le président doit exercer son mandat en toute **indépendance**. On veut protéger le mandat, la fonction présidentielle mais pas l'homme. La protection cesse à la fin du mandat.

Si, au cours du mandat, le président **portait atteinte à la fonction**, selon l'ancien article 68, il ne pouvait être inquiété qu'en cas de haute trahison.
Selon l'article 68 nouveau, après sa révision de février 2007, il apparaît que le président peut être **destitué en cas de manquement à ses devoirs** manifestement incompatible avec la poursuite de son mandat.
C'est le **parlement tout entier** qui est **habilité** pour prononcer la destitution du Président de la République, en **se réunissant en haute cour** (réunion des députés et des sénateurs).
La procédure est déclenchée par l'Assemblée Nationale et par le Sénat.
La Haute cour (vocation : prononcer la destitution du président de la République, en lieu et place de l'ancienne Haute cour de justice de l'ancien article 68), à la majorité des 2/3, doit **entériner ou non la destitution du président de la République**. Le vote se fait à **bulletin secret.**
Par exemple, si le président de la République refusait de promulguer une loi, ce serait un **manquement à ses obligations constitutionnelles**.
Rien n'empêche un président destitué de se présenter à nouveau à l'élection présidentielle.

Responsabilité du président devant le Tribunal Pénal International (TPI)
Depuis la révision constitutionnelle du 8 juillet 1999, comme d'ailleurs les ministres et les membres du Parlement, le président de la République peut être déféré devant le TPI comme **responsable d'un crime contre l'humanité**.

Responsabilité du président devant le peuple
En **théorie**, le président est **irresponsable politiquement**. Mais n'existe-t-il pas en pratique une responsabilité du président devant le peuple ?

Il faut revenir à la **pratique Gaullienne**. De Gaulle a soumis au peuple Français différents référendums. A chaque fois, quelques jours ou quelques semaines avant, il **s'adresse directement aux Français** par la télévision, et son discours est retransmis à la radio.
D'après l'article 5 de la constitution, le président de la République veille au **respect de la constitution**. Il assure par son arbitrage le **fonctionnement régulier des pouvoirs publics** ainsi que la **continuité de l'Etat** (Référence au discours de Bayeux de 1946). Il est le **garant de l'indépendance nationale**, **garant de l'intégrité du territoire** et également du **respect des traités**.

Les pouvoirs propres du président

Article 8 alinéa 1 : « Le président de la République nomme le 1er ministre. Il met fin à ses fonctions sur la présentation par celui-ci de la démission du gouvernement. »
Cet article met en valeur une **différence fondamentale** avec les Républiques précédentes. En effet, ici, le président de la République a un **véritable pouvoir de nomination**. Il choisit **réellement** le 1er ministre.
Le choix du premier ministre résulte bien d'une **volonté personnelle** du président.

Le général De Gaulle estimait que l'article 8 alinéa 1 devait entraîner la **responsabilité du gouvernement devant le président de la République** alors même que le gouvernement a la confiance de la chambre. C'est son interprétation personnelle de la constitution. Il estime que le **gouvernement est responsable devant lui-même**.

Article 11, qui porte sur le **référendum législatif** (rien à voir avec le référendum constituant, qui intervient en conclusion d'une procédure de révision constitutionnelle).
Le référendum est une **technique de démocratie semi-directe**. C'est une idée qui était tout à fait étrangère aux idées constitutionnelles de De Gaulle (pas énoncée dans discours de Bayeux). C'est un **concept novateur** dans la Ve République.
La République qui **donne ou non une suite favorable** à l'idée d'un référendum.

Article 12 : « Le président de la République peut, après consultation des présidents des deux Assemblées, prononcer la dissolution de l'Assemblée nationale ».
Le droit de dissolution est une **prérogative discrétionnaire** entre les mains du président.
Le droit de dissolution tend à **responsabiliser les députés** : s'ils critiquent trop le gouvernement, s'ils le mettent trop en cause, le président peut les dissoudre.
On a voulu **empêcher le développement de l'instabilité ministérielle** qui était le **mal absolu de la IVe République**. Les gouvernements étaient régulièrement renversés.

La pratique : le droit de dissolution a été utilisé plusieurs fois, pour des raisons différentes.
C'est un moyen d'avoir **une majorité à l'Assemblée Nationale** : le 5 mai 1981, Mitterrand, homme de gauche, est élu président : il décide de dissoudre l'Assemblée Nationale qui était de droite, et demande au peuple Français de **lui donner une majorité**.

C'est un moyen d'estimer **la confiance du peuple** envers son dirigeant.
1968 : crise sociale et politique en France. De Gaulle est dépassé. Il demande au peuple Français de trancher, et dissout de nouveau l'Assemblée Nationale. Le peuple a **renouvelé sa confiance** en accordant la majorité à De Gaulle à l'Assemblée Nationale

Mais aussi de s'assurer une majorité à l'avance

En avril 1997, **dissolution atypique** de l'Assemblée par Chirac.
Il prend un **risque politique considérable**. Il s'engage personnellement dans la campagne électorale. Le **désaveu est cinglant** : le peuple apporte une majorité de gauche, entraînant une **cohabitation donc très longue** : jusqu'en 2002.

Article 16 : il confère au président un **pouvoir de crise**. Il s'agit **d'assurer la défense de l'Etat** ou de **faire face à un très grand danger** : dans une de ces situations, le président de la République peut déclencher son **pouvoir exceptionnel**.

Deux **conditions de fonds** doivent être réunies pour que le président de la République puisse déclencher ce pouvoir :

- Les institutions de la République, l'indépendance de la nation, ou l'exécution de ses engagements internationaux sont menacés et sont **menacés d'une manière grave ET immédiate.**
- Le **fonctionnement régulier** des pouvoirs publics constitutionnels est i**nterrompu**.

Il existe également deux **conditions de formes** :

- Le président de la République doit **consulter un certain nombre d'autorités** : le 1er ministre, le président de l'Assemblée Nationale, le président du Sénat, et également le conseil Constitutionnel.
  Tous ces avis ne sont que des avis **consultatifs**, le président n'est pas lié par la teneur de l'avis.
- Le président de la République doit **informer la nation par message**.

Les effets de l'article 16
Le texte constitutionnel indique que « le président est **habilité** à prendre les **mesures exigées par les circonstances**. »
Lorsque l'article 16 est déclenché, le président de la République concentre entre ses mains le **pouvoir législatif et le pouvoir exécutif** : c'est donc une mesure très grave.
Pendant cette période, le **Parlement est réuni de plein droit**, il ne peut pas être dissout, mais n'a pas la possibilité d'adopter les lois.
Le président a donc la possibilité, dans le cadre de cet article, **de faire passer des lois sans l'autorisation du Parlement.**

Il faut toutefois indiquer que la **constitution pose des garanties** :

- Les décisions que prend le président de la République doivent être inspirées par « la volonté d'assurer aux **pouvoirs publics constitutionnels** les **moyens d'accomplir leur mission** et ceci dans les **moindres délais**. »
- Lorsque le chef de l'Etat déclenche l'article 16, il ne **peut pas enclencher la procédure de révision de la constitution.**
- Il doit utiliser ses pouvoirs dans le cadre de l'article 16 durant la **période de temps la plus restreinte possible.**

Du 23 avril au 30 septembre de l'année 1961, face au putsch des militaires à Alger, le président de la République a déclenché l'article 16 : les **conditions de fonds étaient réunies** :

il y avait une interruption du fonctionnement régulier des pouvoirs publics constitutionnels, ainsi qu'une menace grave et immédiate de la nation.
Cependant, le général De Gaulle a **abusé de l'utilisation de ce pouvoir** : il l'a utilisé plus longtemps que ce que la crise nécessitait, puisque celle-ci était terminée dès le 25 avril et qu'il l'a conservé jusqu'en septembre.

Après **30 jours d'exercice des pouvoirs exceptionnels**, le **conseil constitutionnel** peut être **saisi** par le président de l'Assemblée Nationale, du Sénat ou par 60 députés et 60 sénateurs, afin de vérifier si les conditions de déclenchement de l'article 16 sont toujours réunies.
La révision indique également que le conseil constitutionnel doit rendre une **décision rapide et publique** : les citoyens sont donc au courant de l'avis rendu par le Conseil Constitutionnel.
Le conseil Constitutionnel ne donne qu'un **simple AVIS**. L'avis ne lie pas le président de la République.

Article 18 : « Le président de la République **communique** avec les deux Assemblées du Parlement **par messages** qu'il fait lire et qui ne donnent lieu à **aucun débat** ».
Cet autre pouvoir propre soulevait **très peu d'intérêt auparavant**. Il indique que le président ne peut **pas se déplacer dans les hémicycles**, il **doit faire lire ses messages** et ceux-ci ne doivent **pas donner lieu à des débats** au sein des deux Assemblées.

A chaque fois qu'un président prend sa fonction, il adresse un message aux deux Assemblées, qui expose les **grandes lignes du programme politique** qui sera **mis en place durant le quinquennat**. Les messages seront donc lus aux Assemblées. En cas de tensions internationales très fortes, le président adresse souvent un message aux Assemblées, qu'il fait également lire.

Article 54 : Il indique que le président de la République, ou le 1er ministre, ou le président de l'une ou l'autre des Assemblées, ou 60 députés, ou 60 sénateurs, ont le pouvoir de **saisir le conseil constitutionnel pour qu'il contrôle qu'une clause d'un engagement international n'est pas contraire à la constitution**.

Article 61 :
Le président de la République, le 1er ministre, les présidents des deux assemblées ont la possibilité de **demander au conseil constitutionnel de vérifier la constitutionnalité d'une loi.**

Article 56 :
Le président de la République **nomme 3 des membres du conseil Constitutionnel** dont le **président du Conseil Constitutionnel.**

Les pouvoirs partagés entre président et gouvernement
Article 8 **ALINEA 2** (le 1 concerne les pouvoirs propres)
Il concerne la nomination des membres du gouvernement autres que le 1er ministre et la fin de leurs fonctions.
Théoriquement, selon ce qui est écrit dans **la lettre de la constitution**, le président ne peut choisir d'autres membres que **ceux proposés** par le 1er ministre.

Mais **en pratique**, sous la Ve, la nomination des ministres résulte d'un **accord entre le président et le 1er ministre**, sauf dans un cas particulier qui s'est reproduite 3 fois au cours de l'histoire de la Ve République : lors des **cohabitations.**
Il en va de même pour la **cessation d'activité des ministres** : dans la lettre, c'est le 1er ministre qui **propose au chef d'Etat** de se séparer de tel ou tel ministre. En réalité, c'est souvent le **président qui décide** de se séparer d'un ministre.

Article 10, alinéa 1 : Il indique que le **président de la République promulgue les lois.**
Pour cela, il y a un **délai de promulgation**. Le président a **15 jours** pour promulguer les lois à partir du moment où la loi lui a été transmise.
Il s'agit d'une **compétence liée** : à partir du moment où le **Parlement a voté la loi**, le président est **obligé de promulguer la loi**, même si personnellement il n'est pas d'accord.

Alinéa 2 : il a une importance moindre. **Pendant le délai de promulgation**, le président peut demander à l'Assemblée une **nouvelle délibération de la loi**. Cette nouvelle délibération **ne peut être refusée**. Les constitutions précédentes avaient déjà prévu cela, mais ce droit n'est quasiment jamais utilisé (une seule fois sous la Ve).

Article 15 : Le **président est le chef des armées**.
Il préside les conseils et comités supérieurs de la défense nationale.

Article 20 : Il indique que le **gouvernement dispose de la force armée.**

Article 21 : indique que le **1er ministre est responsable de la défense nationale**.

Mais concrètement, en cas de problème, qui va prendre les décisions ?
On peut répondre à cette question en s'appuyant sur trois autres articles de la constitution :
Art 5 : Le président est la fois le **garant de l'indépendance nationale** et de **l'intégrité territoriale**.

Art 8 : Le président **nomme le 1er ministre**, donc **supériorité hiérarchique** sur le 1er ministre.

Art 9 : C'est le **président** de la République qui **dirige le conseil des ministres**.

Il y a donc une **primauté du président de la République sur les questions militaires**.
D'après le décret du 12 juin 1996, l'ordre d'engagement est décidé par le président de la République, **chef des armées**.
Il y a bien une **primauté du président en matière de défense**, et **cela amène le président** à **prendre des libertés avec le texte de la constitution**. Exemple de l'article 35 :
Article 35 : **La déclaration de guerre doit être autorisée par le Parlement**.
Désormais, des contraintes pèsent sur le gouvernement :
Le gouvernement doit informer le Parlement de sa décision de faire intervenir des troupes Françaises à l'étranger et ce, au plus tard, 3 jours après le début de l'intervention.
L'information consiste à préciser les objectifs de l'envoi de ces troupes. L'information donnée peut donner lieu à débat, un débat qui n'est suivi d'aucun vote (il ne peut donc pas y avoir de sanction du gouvernement).

Article 52 : c'est le **président** de la République qui **négocie et ratifie les traités**.
Il doit être **informé de toute négociation** sur les traités qui ne nécessitent pas de ratification.

C'est un pouvoir partagé car le traité doit être **contresigné par le 1er ministre**.
La question de la **participation aux réunions internationales** : il y a un usage qui s'est établi depuis le début de la Ve qui laisse le **président représenter le pays** dans les rencontres internationales.

Article 17, le **droit de grâce.**
Il a subi la révision constitutionnelle de juillet 2008, et a été réécrit :
« **Le président de la République a le droit de faire grâce à titre individuel** ».
En effet, le droit de grâce est une **prérogative qui relève exclusivement du chef de l'Etat**, et lui permet de dispenser de peines des auteurs d'infractions **sans remettre en cause la condamnation**.
La grâce (remise de peine) peut être **totale ou partielle**.
Il ne faut pas confondre **droit de grâce** et **amnistie** : cette dernière relève de l'article 34 de la constitution, et de la compétence du législateur, du parlement, qui adopte une « loi **d'amnistie** » : elle fait **table rase de toute infraction**.
Elle est adoptée quand beaucoup d'infractions sont commises dans un domaine bien précis : elles sont « annulées » par la loi d'amnistie.

Articles 29 et 30 : Il appartient au président, sur demande du 1er ministre ou de la majorité des membres de l'Assemblée Nationale, **d'ouvrir et de clore par décret les sessions extraordinaires du parlement.**

Si on lit le texte littéralement, le président est **obligé d'accéder à la demande** du 1er ministre.

Articles 13 alinéa 2 et article 21
La **nomination à certains emplois** (hauts emplois de la fonction publique) est un pouvoir partagé.

Article 13 : la **compétence de principe** appartient au président, il **nomme aux emplois civils et militaires de l'Etat.**

Article 21 : cet article pose le principe de la compétence du 1er ministre, qui a aussi un pouvoir de nomination : il **nomme aux emplois civils et militaires**.

A la lecture de l'article 13, le président de la République **exerce son pouvoir de nomination de deux façons :**
De **façon exceptionnelle** : par des **décrets délibérés en conseils de ministres**, il nomme des personnes à certains emplois, et ces nominations sont **délibérées en conseil des ministres** (cela concerne les emplois les plus élevés de l'administration Française, énumérés à l'article 13 alinéa 2 : ambassadeurs, préfets, …) D'autres emplois sont définis par une **loi organique** (loi qui complète la constitution) : procureurs généraux, hauts emplois dans les établissements publics, directeurs de sociétés nationales….

Le statut et les compétences du gouvernement :
Tous les membres du gouvernement sont **nommés par le président.** La **composition d'un gouvernement** est **complexe** et implique **des tractations difficiles**. Un gouvernement est le **fruit d'une alchimie complexe**.

Le **1er ministre** est au sommet et **mène le gouvernement**. Il n'existe **pas de hiérarchie juridique entre les ministres.**

Cependant il existe une **distinction protocolaire** entre les ministres :

- **Les ministres d'Etat** : c'est un titre, pour **marquer l'importance politique qu'on attache aux fonctions qu'il exerce**.
- **Les ministres** : ils sont à **la tête d'un département ministériel**, ils participent à toutes les **réunions** des conseils des ministres. Il y a un **rang protocolaire** : il suit **l'ordre de nomination du décret qui fixe la composition du gouvernement**.
- **Les ministres délégués** : ils sont **rattachés** soit au 1er ministre, soit à un ministre de plein exercice.
- **Les secrétaires d'Etat :** comme les ministres délégués, ils sont **rattachés à un ministre ou au 1er ministre** (il n'y en a pas dans le gouvernement Hérault).

Il existe plusieurs types de conseils :

- **<u>Le conseil des ministres</u>**

Seule formation collégiale prévue par la constitution. Cela signifie que les délibérations et les décisions engagent tous les membres du conseil. Cela veut dire que tous les ministres sont solidaires et responsable des décisions prises.
=> Article 9 de la constitution, c'est le président de la république qui préside le conseil des ministres.
C'est le **président de la République** qui **fixe la date et le lieu du conseil des ministres**. Traditionnellement, le conseil se tient le mercredi à l'Elysée.
Le président de la République est la **pièce maîtresse du conseil** des ministres et c'est lui qui va **fixer l'ordre du jour**. C'est un point fondamental, car c'est l'ordre du jour qui détermine les textes qui vont être étudiés en conseil des ministres.
C'est **le 1er ministre qui propose l'ordre du jour**, mais c'est le président de la République qui arrête cet ordre du jour.

- **<u>Le conseil de cabinet</u>**

Il ne doit pas être confondu avec le conseil des ministres. Ce conseil de cabinet n'est **pas prévu par la constitution**. Il existait sous la IIIe et la IVe République, et **réunit les ministres et secrétaires d'Etat** sous la présence du président du conseil, mais **hors la présence du président** de la République. Sous la Ve, les conseils de cabinet sont rares : notamment parce que **De Gaulle les as interdits** en 1958.

- **<u>Le conseil restreint</u>**

C'est lorsque le président de la République réunit certains membres du gouvernement sur un sujet précis. Certains conseils restreints sont **prévus par la constitution** : article 15 (conseils restreints en matière de défense).
C'est une **pratique tombée en désuétude** sous la 5e République (Mitterrand).

- **<u>Les comités interministériels</u>**

Ils abordent des **sujets spécifiques, très techniques**, qui ne peuvent pas être abordés en conseil des ministres. Ils se réunissent **sous l'autorité du 1er ministre**.
Le président n'est pas présent mais il est **représenté par un collaborateur**.
Cela permet au 1er ministre de **coordonner l'action des ministres**, mais surtout, cela permet de procéder à des **arbitrages** entre les ministères et surtout à des arbitrages en matière budgétaire.

<u>La responsabilité pénale des ministres :</u>

L'article clé relatif à la responsabilité pénale des ministres est **l'article 68, alinéa 1 et 2.** Les membres du gouvernement (y compris le 1er ministre) sont **pénalement responsables des crimes et des délits commis dans l'exercice de leurs fonctions**. Cette responsabilité relève

d'une **juridiction spéciale**, qui jusqu'en 1993, était la **haute cour de justice.** Suite à une révision constitutionnelle, la juridiction devant juger les ministres a été modifiée : à partir du 27 Juillet 1993, c'est la **cour de justice de la République** qui va juger les ministres.
Il existe une spécificité de la cour de justice de la République : elle est composée de **15 juges :** 6 sont désignés par l'Assemblée Nationale, 6 sont désignés par le Sénat. Les 3 derniers sont des **magistrats de la cour de cassation**.

<u>Qui peut saisir la cour de justice de la République ?</u>
Toute personne qui se sent lésée par un crime ou délit commis par un ministre dans l'exercice de ses fonctions ministérielles.
Il suffit simplement **de déposer une plainte**. La plainte déposée va être examinée par la **commission des requêtes**. Elle filtre les dossiers qui lui sont soumis, pour écarter les plaintes fantaisistes.
<u>Les attributions du 1er ministre</u>
<u>**En tant qu'acteur politique :**</u>
Le 1er ministre **dirige l'action du gouvernement** : c'est lui qui doit assurer **l'impulsion, la coordination et l'exécution** du programme politique. Ce programme politique a été arrêté **en liaison avec la majorité de l'Assemblée Nationale et le chef de l'Etat**. Le 1er ministre doit assurer **l'articulation entre les pouvoirs**, et doit **assurer l'efficacité** et la **cohérence du gouvernement**.

Il est investi de **compétences de proposition** :
- D'après *l'article 8 alinéa 2* de la constitution, c'est le 1er ministre qui présente au président la **liste des ministres** qui vont composer son gouvernement.
- D'après *l'article 89,* c'est le 1er ministre qui **propose au président un projet de révision de la constitution.**

Il possède également des **compétences de consultation** :
Article 12 : le président doit demander l'avis du 1er ministre avant de **dissoudre l'Assemblée.**
Article 16 : Le président doit consulter officiellement le 1er ministre avant de **déclencher l'article 16 et donc les pleins pouvoirs**.
Cependant, ces avis ne sont que **consultatifs**, et ne contraignent en rien le président.

Dans le cadre de *l'article 61* de la constitution, le 1er ministre peut saisir le conseil constitutionnel afin qu'il **vérifie la constitutionnalité d'une loi**.
D'après *l'article 54,* le 1er ministre peut également saisir le conseil constitutionnel pour contrôler si un engagement international (traité…) est contraire ou non à la constitution.

<u>**En tant qu'acteur juridique :**</u>
Le 1er ministre est **détenteur de l'initiative de la loi** (*article 39* de la constitution).
Il n'est **pas seul** à avoir l'initiative de la loi, les **membres du parlement** également.
Il exerce ce pouvoir en conseil des ministres. Les projets de loi y sont délibérés et ensuite, ce projet de loi va être examiné par les deux assemblées.
Le 1er ministre a la possibilité **d'intervenir dans le cadre de la procédure législative.**
Il a la possibilité de **convoquer une commission mixte parlementaire** ; lorsqu'il y a un désaccord entre le sénat et l'assemblée sur un projet ou une proposition de loi, cette commission va être chargé de trouver un compromis.
Le 1er ministre peut engager, après délibération du conseil des ministres, la **responsabilité du gouvernement** sur le vote d'un texte (= 1er ministre explique un texte de loi aux Assemblées mais fait appel à *l'article 49-3* : pour ne pas avoir besoin de le faire voter : soit l'Assemblée

Nationale est d'accord avec le texte, soit, elle est en total désaccord et dans ce cas elle a 24h pour déposer une motion de censure). Il faut savoir également que le 1er ministre est **titulaire du « pouvoir réglementaire »** : c'est le **pouvoir d'édicter des normes de portée générale**.

Le premier ministre possède le pouvoir règlementaire

Il faut distinguer deux types de règlement :

- Les **règlements d'exécution** des lois qui relèvent de *l'article 21* : ce sont des règlements, des décrets, pris **en vue de compléter une loi**. Il s'agit des **décrets d'application.**
- Les **règlements autonomes** qui relèvent de *l'article 37* : le 1er ministre peut prendre des règlements seulement dans les matières qui ne relèvent pas du domaine de la loi. Ils sont pris par décret après avis du conseil d'Etat.

Ce **pouvoir réglementaire**, le 1er ministre ne **l'exerce pas seul**. Il prend l'avis **d'organes consultatifs** (conseil d'Etat, conseil économique et social…). En général, les décrets du 1er ministre sont **contresignés** par le ministre en charge de l'application.
Le 1er ministre signe le décret, un ministre contresigne, mais le contreseing ici est **signe de la cohésion du gouvernement**, car **seul le ministre est titulaire du pouvoir réglementaire.**

Le sénat

Le nombre de sénateurs en 2011 est de **348** au palais du Luxembourg. Ils sont élus au **suffrage universel indirect**, par un **collège électoral** composé de grands électeurs, qui sont eux-mêmes des élus. Dans le collège électoral, il y a les députés, les conseillers généraux, les conseillers régionaux, les délégués des conseils municipaux (90% du collège électoral).

Le 30 Juillet 2003 est adoptée la loi organique (qui complète la constitution) relative au Sénat qui introduit des **dispositions novatrices** concernant le fonctionnement du Sénat.
On assiste à une **augmentation progressive du nombre** de sénateurs.
Jusqu'en 2003, les sénateurs étaient élus pour un mandat de 9 ans. On a décidé de le réduire, et les sénateurs sont désormais élus pour un **mandat de 6 ans**.
Jusqu'à l'adoption de la loi organique, le sénat était renouvelé par tiers tous les 3 ans. Désormais, il se **renouvelle tous les 3 ans par moitié**.
L'âge d'éligibilité a également été modifié : avant, il fallait avoir au moins 35 ans tandis que désormais, il suffit d'avoir **30 ans**.
Les **modalités de scrutin** ont aussi changé : avant, c'était un scrutin proportionnel dans les départements élisant 3 sénateurs ou plus. Dans les autres départements, c'était le scrutin majoritaire qui s'appliquait.
Désormais, les modalités de scrutin sont les suivantes : le **scrutin proportionnel ne concerne que les départements élisant 4 sénateurs ou plus**. Dans les autres départements, c'est le **scrutin majoritaire** qui s'applique.
Concernant le Sénat, un événement majeur sous la Ve République a eu lieu en septembre 2011.
Depuis 1958, jusqu'en 2011, le Sénat était à droite. En 2011, il **bascule à gauche**. C'est un événement inédit.
L'actuel président du Sénat est Gérard Larcher

Sous le gouvernement de gauche, le Sénat a toujours mené une **opposition radicale** au gouvernement (sous Mitterrand et Jospin). Les Sénateurs ont tendance à **durcir les lois lorsqu'il y a un gouvernement de droite.**

Les incompatibilités et obligations liées à l'exercice du mandat

Incompatibilités : **interdiction du cumul des mandats**. Un député et un sénateur ne peuvent pas cumuler leur mandat avec certaines activités publiques non électives, c'est-à-dire être **fonctionnaire de l'Etat**. La seule exception concerne les **professeurs à l'université** car, on considère que l'expérience parlementaire peut être une bonne chose pour les étudiants. Or il y a de trop nombreux députés ou sénateurs qui cumulent des mandats de députés ou sénateurs, maires, ….

Ils ne peuvent donc pas remplir leurs multiples fonctions correctement : quand on cumule, on délègue donc. Alors pourquoi cumuler pour déléguer ?

Le cumul empêche aussi le **renouvellement de la classe politique**.

Introduction à l'Economie Générale partie 2

Section 1 : la monnaie

Chapitre 1 : les composants de la monnaie

La monnaie est importante puisqu'elle est présente dans toutes nos activités et va avoir une influence sur certains agents économiques. Elle nous sert en tant que consommateur et en termes de revenu. Elle est également présente dans l'information et dans la presse par le biais de l'inflation, des taux d'intérêts, de politiques monétaire :

- L'**inflation** est la hausse continue et généralisée des prix. Lorsque les prix montent et que cela dure dans le temps, c'est la condition pour définir l'inflation. Dès lors, ce que nous achetons va couter plus cher. Cela est important puisque si les prix augmentent mais pas les salaires, il va y'avoir une baisse du **pouvoir d'achat** (le pouvoir d'acquérir des biens et des services).
  L'inflation est expliquée comme étant le résultat d'une trop grande quantité de monnaie en circulation dans l'économie. Si la cause d'une hausse de prix se trouve dans le trop de monnaie en circulation, le remède serait alors de réduire la quantité de monnaie en circulation. Il a dès lors une seule autorité qui peut agir, **la banque centrale Européenne.** L'objectif des autorités monétaires européenne est de lutter contre l'inflation : 0 > inflation < 2 %.
  Le rôle des banques centrales est de contrôler l'économie et de s'occuper de la monnaie.
- Le **taux d'intérêt** est un instrument de politique monétaire que la banque centrale va utiliser à côtés d'autres instruments. Ce taux d'intérêt est très important, schématiquement parlant il va servir à accomplir les objectifs des autorités monétaires, il a une influence sur l'activité bancaire et économique. Les entreprises peuvent emprunter pour pouvoir mener à bien leurs activités.
- Le **taux de change** est la valeur d'une monnaie en fonction d'une autre. Par exemple entre l'euro et les dollars 1€ = 1 $ 3944, l'euro vaut trop par rapport aux dollars.
  Il faudrait alors instaurer un taux de change fixe, cependant depuis l'effondrement de Breton Woods le taux de change n'est plus fixe. Le taux de change est important, puisque le prix va affecter les exportations et les importations. Les marchandises françaises sont trop chères pour les américaines du fait d'un taux de change trop élevé (et donc des prix élevé), il y a alors une diminution des exportations françaises.

Chapitre 2 : La monnaie et son évolution au cours de l'histoire

I) Définition et rôle de la monnaie :

Il est difficile de définir la monnaie, cependant on dit qu'elle est le moyen de paiement accepté par tous les membres d'une société donnée directement utilisable pour effectuer les règlements sur les marchés de biens et services ou pour régler définitivement toutes les dettes au sein d'un espace monétaire donné. La monnaie est également une réserve de valeur.

Pour certains courants de pensée, le centre d'intérêt de la théorie monétaire est la valeur de la monnaie. Ils s'intéressent à l'étude de la détermination du niveau général des prix, ils pensent en effet que la monnaie influence les prix. On trouve d'autres économistes qui pensent au contraire que la monnaie peut avoir une influence sur le volume de production et sur le niveau d'emploi.

Certains économistes parlent de plein emploi et la monnaie comme un voile, pour d'autres, il y a sous-emploi, il faut donc agir par le biais d'une politique budgétaire.

II) Du troc à l'économie monétaire

A) Caractéristiques d'une économie de troc

Dans une économie de troc il n'y a pas de monnaie, c'est l'échange d'un bien contre un autre bien. Imaginons une économie primitive ou les besoins sont assez limités. Les différents membres de cette société produisent selon ses capacités l'ensemble des biens dont-ils ont besoin.

Le plus productif est celui où les agents ont décidé d'échanger leurs biens sans lieu précis, sans date et sans partenaires privilégiés pour effectuer des transactions. Chacun produit ce qu'il peut et ce qu'il sait produire en tenant compte de ce qu'il dispose, lors d'échanges ils vont apporter le bien qu'ils ont produits, il faut alors aller chercher l'individu possédant la marchandise dont-ils ont besoin.

Le troc a besoin d'une double coïncidence, c'est-à-dire, de besoins respectifs et dans le même temps. Ces deux membres du troc vont en un seul acte échanger et vendre, l'acte de vente ne peut donc être séparé de l'acte d'achat. La marchandise est considérée comme **équivalant simple,** c'est-à-dire que, chaque marchandise exprime la valeur d'une autre dans un rapport bilatéral. Se pose alors la question de la valeur des marchandises les une entre les autres.

B) Des coûts liés au troc

Ces coûts sont occasionnés par la nécessité de se déplacer, par la perte de temps et par les efforts que les différents membres des espaces économiques doivent fournir pour que l'échange ait lieu. Sachant qu'il faut une double coïncidence des désirs d'échanges. Le temps perdu représente un moment où il n'y a pas de production, par conséquent, il y a une perte d'argent. Parmi les coûts on distingue les coûts d'informations et de transactions. Ce dernier est **subjectif** ou **objectifs :**

- Subjectif : lié à l'attente qui nous empêche de satisfaire immédiatement le besoin que nous avons d'une marchandise quelconque.
- Objectif : coûts liés au besoin de stocker la marchandise, sachant que conserver cette marchandise sera d'autant plus cher que les produits encombrants, fragiles ou périssables.

Tant qu'il n'y a pas d'intermédiaire des échanges (la monnaie), on se trouve dans une économie de troc.

C'est ainsi que l'on voit pour certain naturellement apparaitre au sein des sociétés, l'adoption d'un intermédiaire des échanges : l'apparition de la monnaie. Il permettra de réduire les coûts que nous venons de mentionner, car avec l'intermédiaire des échanges nous n'avons plus besoin de la double coïncidence.

C) Apparition de la monnaie et caractéristiques d'une économie monétaire

La monnaie est un **équivalant général,** c'est-à-dire un bien duquel on exprime la valeur de tous les autres biens. Cela, permet de séparer l'acte de vente de l'acte d'achat, de réduire les coûts liés à la double coïncidence (caractéristiques d'une économie de troc), de réduire le nombre de prix relatif et simplifie par conséquent les échanges avec la multiplication des échanges. Elle permet d'accroitre la production. Il existe une formule pour trouver la valeur du prix relatif : **n (n - 1) / 2**

Sur 100 marchandises on a : 100 (100 - 1) / 2 = 4 950 prix relatifs.

Dans une économie monétaire on a : 100 - 1 = 99. Cette simplification est due à la simplification des échanges et l'apparition de la monnaie.

Avantage de la monnaie :

- Affranchissement.

- Satisfaction accrue des membres d'une communauté.
- Simplification du système des prix.
- Augmentation de la production et productivité de la société.
- Développement de nouvelle activité.

III) Les formes anciennes de la monnaie

A) La monnaie marchandise

Une marchandise commence à remplir le rôle de monnaie. Ces objets sont choisis pour une raison quelconque. Ils ont une importance particulière : c'est la valeur intrinsèque. Ce qu'on voit apparaître comme monnaie est le bétail, la morue et les objets d'ornement. Ce sont les besoins essentiels ou besoins d'ornements avec une valeur religieuse, elle a une valeur communautaire. La monnaie marchandise a une double utilité : utilité **spécifique** qui satisfait un besoin, et une utilité **universelle** en tant qu'instrument d'échange.

B) La monnaie métallique : 2 systèmes

Les métaux précieux sont utilisés comme monnaie, ils ont un certain nombre de qualité qui les rendent apte à être utilisé comme monnaie :
- la divisibilité : payé une grande ou une petite somme.
- inaltérabilité : marchandise non périssable, ne s'abime pas, facilement stockable, durable.
- malléabilité : forme précise, poids précis et valeur précise.
- rareté : valeur importante.
- facilement reconnaissable : on peut le reconnaître et ne pas être face à une contrefaçon.

L'or et l'argent circulent sous forme de lingot, il fallait vérifier la qualité du métal et de son poids. La pesé était obligatoire lors d'un échange. On va donner ensuite une forme et un poids précis à ces lingots, les pièces sont fabriquées par des fondeurs privés : phase de la **monnaie comptée.** Puis, il y a la phase de la **monnaie frappée** (monopole politique). La monnaie devient un symbole de pouvoir dans le domaine politique. Il y a d'inscrit sur la monnaie sa valeur.

Il y a deux systèmes :
- **le bimétallisme** : or et argent qui circulent en même temps. C'est un rapport légal, fixe entre l'or et l'argent. Pour une unité d'or, on a 15,5 unités d'argent.
- **le monométallisme** : il y a un rapport commercial qui dépend de la dépendance relative des métaux. En fonction de la découverte des mines de métaux, sa valeur change et prend plus ou moins d'importance. Le rapport commercial change et l'argent passe à 16 unités contre une unité d'or (rapport légale : 15,5), l'or va avoir tendance à disparaître. La loi de Gresham : la mauvaise monnaie chasse la bonne. L'or va disparaitre de la circulation et l'argent va être reconnu comme la seule monnaie, les individus qui veulent épargner vont avoir tendance à conserver l'or.

C) L'apparition de billets de banque, scripturale

La monnaie métallique est allégée par le billet de banque, il facilite la transaction de la monnaie. La monnaie papier apparaît à partir de l'invention de Palmstruch au 17ème siècle. Il donne des certificats par rapport à l'escompte que l'on peut céder, les billets vont devenir alors de la monnaie qui va circuler, **la confiance** est très importante ici et devient totale lorsque, l'Etat l'a confère comme légale et quand tout créancier est obligé d'accepter ces billets en paiement.

Le billet devient une monnaie à part entière, car il s'ajoute à la monnaie métallique. Tout le monde pense qu'à un moment on pourra récupérer l'or et l'argent. Entre l'or, l'argent et les billets, deux écoles s'affrontent :
- L'école Currency, le montant des billets en circulation devait être réglé en accord avec le montant de l'or et de l'argent en accord avec la Banque centrale.
- L'école Banking pensait que l'émission des billets devrait être libre c'est-à-dire, elle serait adaptée à la circulation économique. La banque de France a le monopole des billets depuis 1848, il y a deux systèmes mis en place :
- système de plafond qui fixait un montant max a l'émission de billets.
- remplacé par un système de % min c'est-à-dire que l'émission de billets devait être assurée par des encaisses métalliques à hauteur de 35%.

IV) La forme actuelle de la monnaie (au sens strict)

Selon la banque centrale, les actifs sont également des monnaies. Les monnaies ne doivent pas être transformées pour les utiliser : **la liquidité**.

La monnaie fiduciaire est appelée ainsi car les agents ont confiance en elle, elle circule que si on lui fait confiance. On inclut dans la monnaie fiduciaire la monnaie divisionnaire et les billets. **La monnaie divisionnaire** correspond aux pièces appartenant à la zone euro. Elles sont toujours fabriquées par un institut qui dépend du trésor public, c'est la banque centrale qui décide du nombre de pièces que l'on va fabriquer. Pour le billet, il est inconvertible. Son montant est décidé par la banque centrale européenne. Les billets et les pièces sont la seule monnaie légale, ils ne peuvent pas être refusé comme paiement et font partie de l'**agrégat M1** (M1 correspond à la part pièces et billets en circulation de M0 plus les dépôts à vue).
La monnaie scripturale (ce n'est pas le chèque : moyen de circuler la monnaie) est matérialisée par des écritures sur les livres de banque. La définition de cette monnaie est constituée des dépôts à vue ou soldes créditeur à vue susceptible de circuler et gérer par des établissements habilités. Il y a plusieurs moyens de circulation :
- Le virement.
- L'avis de prélèvement.
- La carte bancaire.
- Le titre interbancaire de paiement.

On débite un compte pour en créditer un autre, pour des raisons de commodité et de sécurité, on s'occupe des comptes. Avec la monnaie scripturale, on a des preuves de paiement.

Chapitre 3 : Les fonctions de la monnaie

I) Etalon de la monnaie :

La monnaie nous permet de mesurer la valeur des biens et des services, c'est une unité monétaire. L'existence **d'unité de compte** facilite la comparaison des valeurs et les échanges. Avant même la réalisation des transactions, elle permet de déterminer des rapports d'échanges entre les biens. C'est-à-dire, des rapports d'échanges relatifs, la monnaie va alors simplifier le système des prix relatifs (voir exemple du troc), avec l'Euro par exemple.

II) Instrument des échanges ou moyen de paiement

La monnaie apparaît pour faciliter le commerce et les échanges. La rupture entre le pouvoir d'achat et de vente est très importante. Dans l'espace européen, l'apparition de la monnaie unique a aussi facilité les échanges et a augmenté l'efficacité de l'intermédiaire des échanges. Avant de signé le traité de Maastricht, on a calculé que la monnaie unique augmentera d'un demi-point la croissance des pays de l'euro.

III) Réserve de valeur

La monnaie peut être considérée comme le meilleur instrument de réserve de valeur. Le patrimoine des agents est composé des actifs et des dettes (passifs). Parmi les actifs, on distingue trois types d'actifs :

- Actifs réels (immobilier, les biens de productions et les biens de consommation durables).
- Actifs financiers (titres : il se négocie sur un marché ; agent a besoin de financement / agent a capacité de financement ; titre à long terme ou court terme) qui sont négociables.
- Actifs monétaires : Chaque agent cherche une combinaison de ses différentes formes d'actifs de façon à maximiser **les rendements** tout en tenant compte des risques différents de ces actifs.

L'avantage fondamental des actifs monétaires c'est sa liquidité. La monnaie est immédiatement disponible pour le règlement des transactions. Quand on possède la monnaie, il n'y a pas de risque de perte de capital.
Keynes (1883-1946) nous dit que la monnaie est la liquidité par excellence. Elle sert également à faire face à l'incertitude lié aux encaissements et aux décaissements. Quand on possède un autre type d'actif, il faut les transformer en moyens de paiement, monnaie fiduciaire ou monnaie scripturale. On va se priver d'intérêts mais pas de la somme bloquée à la banque.

Chapitre 4 : Les agrégats

I) Définition et finalité des agrégats monétaires.

Les agrégats sont les indicateurs statistiques de la capacité de dépense des agents économiques : es entreprises, les ménages et les administrations. Les agrégats sont construits par les Autorités monétaires afin de mesurer la quantité de monnaie en circulation. Une croissance équilibrée nécessite le contrôle de la quantité de monnaie en circulation, il n'en faut pas trop, ni pas assez.
S'il n'y a pas assez de monnaie, alors, il y aura une demande de biens et services faible qui découragent les producteurs car ils voient leurs ventes et leur bénéfice diminuer donc ils vont moins produire, moins investir et même réduire leur effectif, ce qui se conclut par une baisse de la croissance et l'augmentation du chômage.

Dans le cas contraire, le trop de monnaie va créer une pression à la hausse sur les prix car la demande sera supérieure à l'offre des produits, il y aura alors inflation.

II) La méthodologie utilisée pour délimiter les agrégats monétaires.

A) Critères utilisés pour définir la monnaie jusqu'au début des années 1980.

Jusqu'alors la monnaie est définie comme un placement financier pouvant servir à régler immédiatement et en tout lieu toute transaction, ne soit pas utilisation directe soit après conversion du placement au moyen de paiement rapidement et sans perte le capital investit. On parle de monnaie et de quasi monnaie.

B) Les changements introduits par les mutations financières des années 1980.

En France, il y a eu des transformations profondes du système financier au cours des années 1980 et plus précisément à partir de 1985 (le développement très fort du marché financier), donc, beaucoup d'autres titres apparaissent, on les appelle les innovations financières comme les OPCVM (organisme de placement collectif en valeurs mobilières). Ces nouveaux instruments permettent aux épargnants de bénéficier d'une rémunération élevée de leur placement, tout en pouvant le transformer en liquidité facilement et sans risque important sur le capital investit.

La monnaie rassemble tous les actifs financiers pouvant être utilisés dans les transactions soit directement et immédiatement soit après une conversion facile et rapide au moyen de paiement, n'impliquant qu'un faible risque de fluctuations du capital investit. Les agrégats dans la zone euro sont des agrégats qui vont considérer les différents actifs détenus par les agents non financiers résident au sein de la zone euro. Avant la création de la monnaie unique, les agrégats étaient nationaux. Il y avait M1, M2, M2R, L. Maintenant, il y a :

- M1 (correspond à la part pièces et billets en circulation de M0 plus les dépôts à vue.),
- M2 (M2 correspond à M1 plus les dépôts à termes inférieurs ou égaux à deux ans et les dépôts assortis d'un préavis de remboursement inférieur ou égal à trois mois (par exemple, pour la France, le livret jeune ou le CODEVI, les livrets A et bleu, le compte d'épargne logement, le livret d'épargne populaire...),
- M3 (M3 correspond à M2 plus les instruments négociables sur le marché monétaire émis par les institutions financières monétaires (IFM), et qui représentent des avoirs dont le degré de liquidité est élevé avec peu de risque de perte de capital en cas de liquidation (ex : OPCVM monétaire, certificat de dépôt, créance inférieure ou égale à deux ans).

La construction des agrégats dans la zone euro obéit à trois critères :
- On recense ce qui est détenu par des agents économique non financier résident. Ce sont les seuls qui ont comme fonction principale d'acheter des biens et des services, ce sont les principaux intervenants sur ce marché de biens et services.
- La banque centrale classe les placements du plus au moins monétaires. (Ce qui est le plus liquide).
- Les banques centrales nationales continuent d'observer l'évolution des différents placements gérés par les institutions financières domestiques. Elles obtiennent des informations sur les comportements de placements des résidents de la zone, ces comportements diffèrent d'un pays à l'autre.

Chapitre 5 : La création monétaire

I) Notion de base

A) Les différents types d'agents

- Les agents à capacité de financement ont des ressources d'un montant plus important que leur dépense, ils dépensent moins qu'ils ne reçoivent, par conséquent ils peuvent apporter leur argent aux agents à besoin de financement. Les ménages sont l'un de ces agents à capacité de financement, tel que certaines entreprises et les administrations publiques.
- Les agents à besoin de financement.
- Les agents non financiers résidants (ANFR) détiennent la monnaie.
- Les agents financiers résidents (AFR) sont responsables d'une partie de la création monétaire.

B) Les différents types de financement

- Financement interne appelé aussi autofinancement pour les sociétés.
- Financement externe :
- direct : financement non monétaire, il n'y a pas de création monétaire.
- indirect : présence d'un intermédiaire, d'une institution financière, il peut y avoir soit financement monétaire ou non.

II) Définitions préalables

A) Emission et création de monnaie

L'émission de monnaie peut être définie comme les opérations par lesquelles un agent financier met une monnaie nouvelle en circulation quel que soit l'origine de cette opération et quel que soit son impact sur la quantité de monnaie en circulation. **La création de monnaie peut être définie comme des modalités par lesquelles une nouvelle monnaie vient augmenter la quantité de monnaie détenue par les agents non financiers résidents.**

B) Création de monnaie scripturale et monnaie centrale

Il existe 2 types de monnaie, la monnaie scripturale créé par des institutions financières monétaires et plus particulièrement les banques. Ainsi que la monnaie centrale qui ne peut être créée que par la Banque centrale. La création de monnaie scripturale résulte d'un certain nombre d'opérations qui conduisent à une augmentation des agrégats monétaires. La création de monnaie centrale résulte d'un certain nombre d'opérations entre la banque centrale, les banques commerciales et le Trésor Public. Ces opérations conduisent à une augmentation de la quantité de monnaie centrale. La création de cette monnaie n'entraine pas une augmentation des agrégats.

C) Création brute et création nette

La création brute illustre le fait qu'il y a création monétaire, donc augmentation de la monnaie en circulation, mais en même temps il y a destruction de monnaie. La création de monnaie au cours d'une année correspond à la différence entre les créations brutes de monnaie et les destructions. Dans une économie il y aura toujours création de monnaie.

III) La création de monnaie scripturale

A) Octroi de crédit par les IFM (institution française monétaire) aux ANFR

Les opérations de financement de l'économie par crédit bancaire effectuées par les établissements de crédit sont source de création monétaire. Le crédit bancaire est l'opération par laquelle la banque met des moyens de paiement à la disposition d'un agent résident pour une durée déterminée et contre engagement pour l'emprunteur de rembourser cette somme.

B) Octroi de crédit au trésor public

Le trésor public est la personnification financière de l'Etat, sa fonction essentielle est d'exécuter le budget de l'état en encaissant les recettes publiques, en réglant les dépenses publiques et en gérant la dette publique.

Le trésor public doit faire face à des problèmes de trésorerie momentanés, résultat de la non synchronisation entre les encaissements et les paiements qu'il est chargé d'effectué. Le budget de l'Etat prévoit un certain nombre de dépenses nécessaires pour le fonctionnement de l'économie, il possède également des recettes. L'état se trouve en Etat de déficit budgétaire lorsque les dépenses dépassent les recettes.

Il existe une seconde modalité de financement consistant à émettre **des bons du trésor négociable,** qui seront souscrit par les banques. Il y a dans ce cas création monétaire. Quand les banques souscrivent des bons émis par le Trésor Public, elles vont alors donner des ressources au Trésor qui reversera cet argent aux agents non financiers résidants. Le trésor Public va payer avec des chèques qui se traduit par un dépôt a vue envers les agents non financiers résidants. Tant que l'agent n'a pas été payé, il n'y a pas d'augmentation de monnaie.

C) Achat de devises auprès des agents non financiers résidents

Les devises sont gérées par les banques centrales, cependant pour se procurer une autre devise, il faut faire appel à la banque pour qu'elle lui vende sa devise.
Ces banques qui achètent ces devises vont alors créditer le compte des agents non financiers résidents pour la contrevaleur en monnaie nationale. Il y a alors création de monnaie scripturale bancaire et ainsi une augmentation de la quantité de monnaie en circulation.
Si les opérations des agents non financiers non-résidents sont déficitaires (exemple : importations sont supérieurs aux exportations), les agents non financiers résidents doivent se procurer des devises auprès de leur banque pour payer ses achats à l'étranger. Les banques vont alors fournir ces devises et débiter leurs comptes à vue pour un montant en monnaie nationale équivalent à la valeur des devises que ses clients ont achetées. Il y a alors diminution de la quantité de monnaie détenue par les agents non financiers résidents.

IV) Le trésor Public et la création de monnaie scripturale

Le trésor public gère les comptes correspondances, il y a une possibilité très faible de création de monnaie.

V) La Banque Centrale et la création de monnaie centrale

La banque centrale en tant qu'institut d'émission émet la monnaie centrale. Elle est la banque des banques, tous les établissements de crédits et de trésor public sont tenus d'avoir un compte courant à la banque centrale. Ces comptes leurs permettent d'effectuer leur paiement réciproque, il existe une réglementation pour déterminer le montant que les banques doivent détenir de manière obligatoire auprès de la banque centrale. Il existe un système hiérarchique car, les agents non financiers résidents ont des comptes dans les banques commerciales qui ont-elles même des comptes au sein de la banque centrale.
Aujourd'hui il existe une banque supérieure, la banque centrale européenne. S'il n'existait de banque auprès de la banque centrale, nous ne pourrions pas assurer l'unification des systèmes de paiements, les banques ne pourraient pas se payer entre elle car elles créent toutes de la monnaie scripturale. Elles ne peuvent se payer qu'en terme de monnaie centrale, c'est donc la banque centrale qui va permettre et va réguler ce paiement entre les diverses banques. La monnaie centrale est la seule monnaie qui ne peut être refusée.

A) Le concours au trésor Public

La banque de France avait la possibilité d'avancer de la monnaie au trésor public par le biais de concours au trésor Public et cela est également possible sans intérêts. Avec ses ressources, le Trésor Public permettait de financier les agents non financiers résidents. Cependant ce mécanisme n'existe plus car les statuts de la banque centrale depuis l'indépendance de la banque de France en 1994, à décider, que la banque centrale devait être indépendante des pouvoirs politiques. Cette indépendance est assurée en supprimant toute possibilité de financer le Trésor Public. Cette disposition a été reprise dans la création de la banque centrale européenne. Selon eux, c'est la meilleure façon de pouvoir lutter contre l'inflation.

B) Acquisition de devises

La création de monnaie centrale peut se faire par l'acquisition de devises. Les banques commerciales possèdent des comptes auprès de la banque centrale, ces comptes vont donc être soit crédités, soit débités, dans le cas où elles vendent ou achètent des devises à la banque centrale. Tout échange extérieur avec les non-résidents se traduit par une augmentation des devises détenues par les banques. Elles seront ensuite rachetées par la banque centrale qui va alors créditer le compte courant des banques. Il y a dès lors création de monnaie centrale.

En cas de déficit des échanges avec les non-résidents, les banques commerciales doivent se procurer des devises contre de la monnaie centrale. Il y a alors destruction de monnaie centrale.

C) Le refinancement des banques

On définit le refinancement, par l'acte par lequel la banque centrale assure le financement d'une opération en seconde position après qu'une opération financière soit engagée en première ligne à accorder un crédit. La créance peut être cédée à la banque centrale pour disposer de ressources. La banque centrale ne fait pas de prêt sans garanti, il y a une nécessité de remise de titres. Cependant la banque centrale n'accepte pas tous les titres, ils ne sont pas tous éligibles. Pendant très longtemps, il existait une technique appelée **réescompte,** qui a été par la suite abandonné.
La principale source de création monétaire est l'octroi de crédit. La monnaie centrale est fondamentale pour le fonctionnement du système financier et elle est la seule monnaie légale.

Chapitre 5 : L'unification des circuits monétaires des banques commerciales.

I) Circuit monétaire et circuit bancaire

Le circuit monétaire d'une banque commerciale est défini comme l'air de circulation d'un instrument de paiement qui lui est propre, c'est-à-dire, la monnaie scripturale. On définit le circuit bancaire comme l'ensemble des circuits monétaires des banques commerciales. L'unité est assurée par un **organisme de compensation.** Nous voyons alors, qu'il existe des problèmes de conversion des monnaies scripturales de banques. Ce problème de conversion entrainera un transfert de monnaie scripturale en monnaie centrale.

La liquidité d'une banque commerciale : c'est l'ensemble de ses avoirs en monnaie centrale ou actifs jugé équivalents c'est à dire susceptible d'être transformés en monnaie centrale sans délais et coûts.

II) Les transferts des fonds entre banques

Solde = Solde créditeur et débiteur de la banque i dans les autres banques. Si cette somme est supérieure à 0 la banque i est globalement **créditrice,** si cette somme est inférieure à 0, la banque i est globalement (ensemble du système) **débitrice.**

III) Liquidité d'une banque et liquidité bancaire

Liquidité bancaire : est la somme de tous les billets en caisse qui viennent de toutes les banques. Le solde peut être positif ou négatif, les clients de banques différentes s'échangent de la monnaie centrale à travers les banques (crédité une banque au profit d'une banque).

Chapitre 6 : La liquidité bancaire et les facteurs à l'origine du besoin de financement.

I) L'origine du besoin de financement

Session nette de devise de la banque centrale au profit de la banque commerciale. La liquidité bancaire diminue et le besoin de financement augmente. Amélioration ou détérioration de la monnaie bancaire. Création de monnaie scripturale bancaire. Au moment où la monnaie centrale circule. Lorsque le paiement des banques au trésor public est supérieur au paiement du trésor au profit des clients des banques, la liquidité bancaire diminue et le besoin de refinancement augmentent. Quand c'est l'inverse, la liquidité bancaire augmente pour mener à bien leur activité bancaire.

II) Les facteurs de la liquidité

A) Les facteurs aléatoires de la liquidité débitrice

Il augmente ou diminue la liquidité bancaire. A chaque fois qu'il y a création monétaire, il y a augmentation des dépôts à vue et des retraits de billet. Les banques font appel à la banque centrale pour répondre à la demande de billets par leurs clients. Après avoir reçu les billets, le compte de la banque à la banque centrale va diminuer. Pour la **réserve obligatoire,** elles doivent être constituées sur les dépôts à vue.

Ils doivent échanger cette autre monnaie en monnaie nationale. La banque centrale va créditer le compte de la banque pour faire un échange de monnaie pour le client. Le montant de dépôts à vue a augmenté comme conséquence de cet échange entre la monnaie étrangère et la monnaie nationale (création monétaire + émission des bons du trésor public). On parle de hausse de la liquidité bancaire lorsque la banque centrale achète les devises des banques commerciales. Diminution de la liquidité bancaire lorsque la banque centrale leur vend des devises.

Quand il y a acquisition nette de devise de la banque centrale auprès des banques, il y a une augmentation de liquidités.

B) Les facteurs qui restreignent systématiquement la liquidité bancaire

Une relation entre la base et la masse bancaire.

Le mécanisme d'expansion monétaire : lien entre monnaie centrale et quantité de monnaie monétaire

Il existe une relation entre la masse monétaire et la quantité de monnaie centrale. **Le diviseur de crédit** : l'émission de la monnaie par la banque centrale est une fraction de la masse monétaire préalablement créé par les banques. Le rôle de la banque centrale n'est pas déterminant ici. Selon l'approche du diviseur de crédit, ce sont les banques qui ont le premier rôle ; avant d'accorder des crédits les banques ne se préoccuperaient pas d'avoir ou non des réserves excédentaires. Elles distribuent des crédits et cherchent à se refinancer auprès de la banque centrale.

Selon les activités économiques, elles distribuent des crédits puis elle se procurent de la monnaie centrale. Il y a un lien entre monnaie centrale et crédit bancaire (importance de la crédité bancaire). L'action que va mener la banque centrale influence sur la crédité bancaire pour avoir une influence sur la liquidité bancaire. Il faudra que la banque centrale régule la liquidité bancaire.

Chapitre 7 : La banque de France et le SEBC (système européen des banques centrales).

I) Création et principales transformations de la banque de France

La banque de France a été créée en 1800 sous la forme d'une société privée par action. Son rôle était de favoriser le financement de l'activité économique, du commerce et de l'industrie ainsi que de l'Etat. Elle émettait des billets payables à vue en contrepartie des escomptes de l'effet du commerce.

En 1806, la direction de la banque est prise par l'Etat. Le pouvoir exécutif nomme les autorités de la banque, un gouverneur et deux sous gouverneurs. Au bout d'environ 40 ans, la banque de France acquière le privilège d'émission, elle élimine les autres instituts d'émission de monnaie.

Le billet de la banque ne peut alors être refusé en paiement. En 1870, la banque de France bénéficie alors d'une liberté totale d'émission, à partir de cela et jusqu'en 1928, l'émission est plafonnée par les pouvoirs publics. En 1928, ce principe est abrogé et le **principe de la proportion minimale obligatoire** contre l'encaisse d'or de la banque et le montant des billets et compte courant est mis en place. Au cours de juillet 1936, l'Etat renforce son contrôle sur la banque de France, il s'est mis en place un changement dans la composition des organes de décisions de la banque de France. L'Etat choisit la quasi-totalité des membres du conseil général. Puis en 1945, la banque de France est nationalisée. En 1973, le rôle de la banque de France comme banque centrale a été conforté par une loi qui définit clairement les fonctions qu'elle doit remplir ainsi que les opérations qu'elle peut effectuer pour accomplir ses missions.

La mission d'ensemble de la banque de France est la suivante « la banque de France est l'institution qui dans le cadre de la politique économique et financière de la nation reçoit de l'Etat, la mission de veiller sur la monnaie et le crédit à ce titre, elle veille au bon fonctionnement du système bancaire ». Dans ce cadre, elle doit garantir dans le domaine de la monnaie scripturale la stabilité et la sécurité du système de paiement de préserver à travers la mise en œuvre de la politique monétaire la stabilité de la valeur interne et externe de la monnaie. Elle doit « assurer la pérennité du système bancaire français ». Cette banque de France est toujours dirigée par un gouverneur et deux sous gouverneurs mais nommé par décret au conseil des ministres et ont toujours des pouvoirs uniques. En 1993, selon une loi du 4 aout, la banque de France devient une institution monétaire indépendante. Sa mission fondamentale est alors redéfinie, des nouveaux statuts établissent que le premier objectif de la banque de France est maintenant la stabilité des prix en dehors de tout autre objectif économique. La banque de France est maintenant seule à définir la politique monétaire, il lui est interdit de faire des découverts ou d'accorder tout autre type de crédit au trésor public ou à tout autre organisme.

Cependant le régime des changes et la parité du franc restent du ressort du gouvernement. L'Organisation de la banque de France change aussi, on assiste à la création du conseil de la politique monétaire composé de 9 membres. Cette nouvelle instance aborde désormais la politique monétaire et surveille l'évolution de la masse monétaire. Ce conseil ne reçoit aucune instruction du gouvernement. Un grand changement s'est produit en 1999, la banque de France fait désormais partie intégrante du système européen des banques centrales. Elle participe à l'accomplissement des missions et au respect des objectifs qui sont assignés à celui-ci par le traité de Maastricht (1992). Dans ce cadre, elle continuera à émettre les billets sur son territoire avec l'autorisation de la banque centrale européenne. Le conseil de la politique monétaire a depuis lors un rôle subalterne et technique, il met en œuvre la politique monétaire élaborée au niveau du système européen de la banque centrale.

II) Le rôle de la banque de France

Elle remplit le rôle d'institut d'émission, elle assure la fabrication, la mise en circulation et l'entretient des billets. En tant que banque de l'Etat, elle centralise sur un compte unique toute les opérations comptables du trésor et effectue les encaissements, paiements et virements du trésor public. Elle met également en circulation des pièces métalliques fabriquées par ces derniers. Elle assure la gestion des réserves des changes et du taux de change. Elle conserve l'or et les devises étrangères, elle intervient également sur le marché des changes. En tant que banque des banques, elle tient les comptes des banques commerciales et gère les chambres de compensation et l'organisation unifiée des systèmes de paiement. Elle assure leur refinancement et les responsables des services d'informations auprès des banques commerciales. Elle tient le service central des risques bancaires, il s'agit d'un recensement des crédits accordés aux clients par les diverses banques au-delà d'un certain seuil. Ceci permet aux établissements de crédit de diminuer les risques qu'ils peuvent encourir lorsqu'ils octroient un crédit (chèques sans provision et incident de paiement). Elle recense des renseignements de natures comptables, financières et juridiques sur les entreprises. Elle établit des statistiques monétaires, la balance des paiements et effectue des enquêtes ainsi que des études économiques. Elle participe à la réglementation et au contrôle des banques.

III) Création et organisation du SEBC (système européen des banques centrales).

Le traité de Maastricht a été adopté en février 1992. Lors de la signature de ce traité, on retient l'idée d'une unification monétaire selon une procédure coopérative et progressive préconisée par **le rapport** Delors (Jacques Delors). Le traité avait pour finalité de créer en Europe, une union monétaire comportant à terme une monnaie unique : **l'€uro**. L'union monétaire était soumise au respect par les états membres de critères de convergence :

- **un taux d'inflation < 2.7 %** car il faut qu'il soit 1,5 point plus fort que le taux moyen des 3 pays les mieux placés en termes d'inflation en 1997.
- **les taux d'intérêt à long terme < 7.1 %** car ce taux correspond à 2 points de plus que la moyenne des taux des 3 pays ayant le plus faible taux d'inflation en 1997.
- **respect des marges de fluctuation** prévue par le mécanisme de change dans le système monétaire européen, auquel les pays doivent appartenir pendant au moins deux ans, sans dévaluation ni réévaluation de la monnaie. Le mécanisme des changes est ce qui fixe la valeur d'une monnaie.
- **déficit public < 3 % du PIB**
- **dette publique < 60 % du PIB**

Il proposait également la création d'institutions nouvelles dont le système européen des banques centrales, le traité prévoyait aussi un calendrier précis devant permettre d'atteindre l'objectif fixé en 3 phases :

- La 1ère étape débute en 1990 et s'étend jusque décembre 1993, au cours de celle-ci, les pays vont décider la libéralisation complète des mouvements des capitaux, c'est-à-dire que c'est la fin des contrôles des changes et à la fin des barrières douanières. Il y a une libre circulation des biens, des marchandises et des capitaux.
- 2nd phase : elle commence un peu avant la rédaction du traité mais les décisions prises alors étaient destinées à affirmer la volonté des pays concernés à parvenir à l'union monétaire. Les programmes nationaux de convergences sont mis en place par cette phase.
- Le 1er janvier 1999, mise en place de la fixité irrévocable des taux de change. Suppression de l'institut monétaire européen pour instaurer la monnaie unique et de nouvelles autorités. Les monnaies nationales peuvent encore circuler afin de permettre l'introduction progressive de l'Euro. Cependant, au plus tard le 1er janvier 2002, seul l'Euro aurait une valeur légale.

  Pour mettre en place cette monnaie unique, certain critère de convergences ont été écartés pour quelques pays tel que l'Italie et la Belgique qui possédaient une dette publique trop importante. En 1999 la zone euro compte :

  Allemagne ; Autriche ; Belgique ; Espagne ; France ; Finlande ; Italie ; Irlande ; Luxembourg ; Portugal.

  Cependant, deux pays refusent d'entrer dans la zone Euro, la Grande Bretagne et le Danemark. De plus, la Grèce et la Suède ne répondaient pas aux critères.

Organisation :

- **Le conseil de gouverneur** prend les décisions relatives à la politique monétaire et ce en respectant l'objectif fixé dans les statuts de la Banque centrale Européenne. Les décisions sont prises à la majorité simple et il n'y a pas de droit de véto. Chaque membre dispose d'une voix. En 2009, il y a 16 gouverneurs des banques centrales nationales de la zone Euro (pays de 1999 + Grèce 2001 + Slovénie + Chypre + Malte), ainsi que 6 membres du directoire désignés par le chef de l'Etat sur recommandation du conseil de ministre de l'union européenne et après consultation du conseil des gouverneurs.

- **Le conseil général** à une fonction consultative, il participe aux préparatifs nécessaires à l'élargissement éventuel de la zone Euro.
L'indépendance des banques centrales s'est vue comme indispensable pour une lutte contre l'inflation et ce selon les autorités Allemandes. La théorie monétaire depuis 1980 : plusieurs études ont été publiées concernant l'indépendance de la banque centrale et la lutte contre l'inflation. On dit que dans ces cas-là, la banque centrale serait plus vigilante à l'égard de l'inflation que le gouvernement. Elles devront donc fixer des objectifs mais aussi les respecter, lorsque cela n'est pas le cas, elles doivent s'expliquer. Elles sont crédibles face au marché où, il y a libre circulation des capitaux. L'indépendance des banques centrales est en encore plus importante face à cela. Des auteurs jugent les études empiriques non concluantes, certaines vont dans le bon sens (banque centrale reliée à des faibles taux d'inflation).
Mais au-delà de cela, on constate que depuis les années 1980, les pays industrialisés ont tous connu une phase de désinflation. Si les marchés financiers pensent que les autorités ne sont pas crédibles, ils vont alors exiger pour financer un certain nombre d'agent des taux d'intérêt un peu plus élevés. On peut parler de 2 formes d'indépendance :
- **Organisationnelle** : faire référence entre Etat et banque centrale, elle fait la séparation entre politique monétaire et budgétaire.
- **Opérationnelle :** L'objectif final d'une politique monétaire est inscrit dans les statuts, la banque centrale européenne ne peut revenir dessus.

Chapitre 8 : la politique monétaire

I) Analysé théorique et rôle de la politique monétaire :

A) La théorie Keynésienne

Nous pouvons définir la politique monétaire comme les actions nécessaires à la mise en circulation de la quantité de monnaie adéquate pour l'activité économique.
Selon Keynes, la sphère monétaire et la sphère réelle sont étroitement liées, le taux d'intérêt établi la liaison entre eux. Le taux d'intérêt se fixe selon Keynes sur le marché monétaire. Pour les classiques, les deux sphères sont totalement séparées.
Keynes déclare donc que la monnaie est sensible au taux d'intérêt, la demande de monnaie dépend du motif de transaction, du motif de précaution. Pour Keynes, ces deux motifs dépendent du revenu. C'est l'introduction de ces nouvelles analyses sur les motifs de la volonté d'avoir de la monnaie qui montre l'importance du taux d'intérêt, on parle alors du **motif spéculation** (agents économiques désirent la monnaie pour elle-même).
Dès lors, ce taux d'intérêt va avoir une influence sur l'investissement (baisse du taux d'intérêt entraine la hausse des investissements). Keynes parle alors **d'effet multiplicateur** de l'investissement sur le revenu. Il dit que la politique monétaire a des limites, car elle dépend des esprits animaux des entrepreneurs. L'investissement va être moins sensible au taux d'intérêt.

B) Milton Friedman : courant monétariste

Selon cet auteur il existe une **dichotomie** à long terme, c'est à dire que la sphère monétaire n'aura pas d'influence sur la sphère budgétaire. Il admet qu'à court terme les mesures politiques monétaires mettent du temps à fournir des résultats.
Il remet en cause la courbe de Phillips
et il nous dit que le taux de chômage peut être réduit suite à une politique monétaire de relance (augmenter la quantité de monnaie en circulation). Cependant, cette situation ne tiendra que pendant un certain temps, jusqu'à temps que les agents réalisent que les prix ont augmenté et que le pouvoir d'achat a diminué. Dès lors, on réduit le chômage temporairement et après quoi, il se mettra en place une hausse des prix. Il est inutile de vouloir baisser le chômage, car à long terme on reviendra à la situation initiale mais avec beaucoup plus

d'inflation. Le seul rôle de la politique monétaire doit donc selon lui être le contrôle de la quantité de monnaie en circulation pour veiller à la stabilité des prix. Il affirme que l'inflation est partout un phénomène monétaire. Il a même préconisé une régulation semi-automatique de l'émission de monnaie au moyen de l'adoption d'une règle monétaire.

II) Objectifs finals et objectifs intermédiaires de la politique monétaire

La politique monétaire fait partie d'un ensemble de politiques économiques dont la politique budgétaire, la politique fiscale qui contribuent à la régulation macroéconomique.
Les objectifs sont donc les objectifs généraux, on en retrouve 4 :
- stabilité des prix
- croissance économique
- plein emploi
- stabilité extérieur

Il n'est pas possible d'atteindre tous ces objectifs, un arbitrage est donc mis en place, on privilégie un objectif ou un autre. Il peut donc y avoir un conflit entre les objectifs.
Si on regarde l'historique, on voit qu'au cours des années 1960, il a été mené une politique de type Keynésienne où on a privilégié la croissance et l'emploi. Au cours des années 1970, plusieurs chocs surviennent (exemple choc pétrolier), production faible, revendications syndicales, taux d'inflation important et l'économie ne réagit plus. Il faut donc restreindre la quantité de monnaie en circulation et prendre des mesures concernant le déficit public qui n'arrive plus à être remboursé. Il s'applique des modifications importantes et les politiques monétaires deviennent **monétaristes.** Dans les années 1980, cette politique se développe et a comme objectif fondamental : la lutte contre l'inflation.
Pour pouvoir viser l'objectif final, il faut passer par des objectifs intermédiaires qui doivent être en lien. Dès lors, les instruments de la politique monétaire doivent avoir le pouvoir sur ces objectifs intermédiaires. L'objectif intermédiaire est une variable monétaire sur laquelle porte l'action des autorités. Elle doit remplir un certain nombre de conditions :
- être mesurable et rapidement connue par les autorités monétaires,
- doit être relié avec la variable retenue comme objectif final,
- doit être contrôlé directement, ou indirectement au moyen des instruments dont elle dispose.

On peut avoir comme objectif intermédiaire le taux d'intérêt, le taux de change, **un agrégat monétaire** (de crédit). L'agrégat monétaire est privilégié car il remplit les 3 conditions nécessaires.

III) Les instruments de la politique monétaire :

- **L'encadrement du crédit** a pour objectif de règlementer l'octroi de crédits par le système bancaire aux agents non financiers résidents. Puisque les crédits font les dépôts, il s'agissait de limiter directement l'octroi des crédits afin de limiter la croissance de la quantité de monnaie en circulation. Il a été utilisé jusqu'en 1984 puis supprimer en 1987. La banque de France fixait une norme des crédits par rapport à l'année précédente, elle fixait une norme de progression du crédit. Les banques étaient tenues de respecter cette norme sous peine de sanctions sous forme de réserves obligatoires supplémentaires à un taux progressif en fonction du montant de dépassement.

L'encadrement du crédit est un instrument adéquat pour contrôler l'octroi du crédit mais particulièrement approprié à une économie d'endettement caractérisée par une forte intermédiation bancaire. Il présente un certain nombre d'inconvénients :
- compte tenu du fait que toutes les banques devaient respecter les plafonds du crédit fixé, le système freinait le développement des banques les plus dynamiques et ne favorisait donc pas la concurrence. Les banques n'étaient pas incitées à renforcer leur part de marché par la baisse des taux d'intérêts. Car s'il y a un dépassement de plafond, il y a une pénalisation.

- Dans la mesure où, il y a cette limite dans l'octroi des crédits, elles avaient tendance à privilégier les meilleurs clients qui était les grandes entreprises. Dès lors les petites et moyennes étaient pénalisées.
- Le système encourage une politique de déréglementation, de libéralisation du système bancaire. On passe d'une économie d'endettement à une économie de **marché intermédiaire**.
- **La sélectivité du crédit** : il s'agit des crédits bonifiés, c'est-à-dire que l'Etat contrôle aussi la répartition du crédit entre les agents économiques. Ce dispositif est également remis en cause car il créé des distorsions au niveau de la concurrence et représentait un trou budgétaire.
- **Le contrôle des changes** : il s'agit d'interdire certaines opérations susceptibles de perturber la stabilité des changes. Dans le cas français cette suppression intervient dans le cadre d'une directive européenne.

BON COURAGE POUR TES PARTIELS !!!!!!
BONNES REVISIONS A TOI !

Printed in France by Amazon
Brétigny-sur-Orge, FR

13781873R00048